행복의 조건

© John Powell, S.J.

HAPPINESS IS AN INSIDE JOB

Tabor Publishing, Allen, Texas 1989

Translated by Augustine H. Tjeng

© Benedict Press, Waegwan, Korea 1995

행복의 조건

1995년 8월 초판 I 2011년 5월 5쇄

옮긴이 · 정홍규 I 펴낸이 · 이형우

ⓒ **분도출판사**

등록 · 1962년 5월 7일 라15호

718-806 경북 칠곡군 왜관읍 왜관리 134의 1

왜관 본사 · 전화 054-970-2400 · 팩스 054-971-0179

서울 지사 · 전화 02-2266-3605 · 팩스 02-2271-3605

www.bundobook.co.kr

ISBN 89-419-9517-5 03180

값 6,500원

존 포웰

행복의 조건
내면의 행복에 이르기 위한
열 가지 훈련 과업

정홍규 옮김

분 도 출 판 사

차 례

행복은 자연적 조건이다

나는 당신이 주의깊게 고찰하기를 원한다고 생각되는 하나의 가정과 더불어 시작하고자 한다. 당신은 달리 생각할 수도 있겠지만 어쨌든 나는 인간의 자연적인 조건은 행복해지는 것이라고 가정한다. 우리들 모두는 행복해지도록 창조되었다는 것을 나는 확신한다. 하느님은 우리를 이 세상에서 또 저 세상에서 영원히 행복해지도록 만드셨다고 믿는다. 그래서 내가 보는 바로는 이 가정에는 논리적으로 다음과 같은 사실이 따른다: 만일 어떤 사람이 오랜 동안 불행했다면 어딘가에 잘못이 있으며 무엇인가 결핍된 것이 있다. 분명히 그것은 당사자의 잘못이나 선택에 의한 것이 아닐지도 모른다. 그럼에도 무엇인가 결핍되어 있다고 나는 여전히 주장하지 않을 수 없다. 여기에 대하여 나의 생각을 설명하려고 하니, 여러분께서 부디 나에게 인내심을 보여주기를 바란다.

타고난 욕구 — 좌절의 역사

나는 우리 모두가 행복해지고자 하는 완강하고 타고난 욕구를 경험한다고 믿는다. 불행히도 우리 모두는 이따금 이 욕구의 좌절을 경험했다. 행복하고 싶은 꿈이 좌절되었다. 나 역시 그러했던 것처럼 당신도 어떤 기대가 무산된 것을 볼 때만 다른 기대를 한다는 것을 기억할 수 있으리라 확신한다. 예를 들어 우리는 "성탄나무 아래 자전거 한 대가 있기만 하다면" 삶은 영원히 멋지리라 꿈꾸었다. 그때 어느 성탄절 아침, 성탄나무 아래 반짝이는 새 자전거가 나타났다. 우리는 기쁨에 찬다. 그러나 날이 지나감에 따라 칠은 벗겨져 나가고 완충판은 들어가며 축은 삐꺽대기 시작했다. 꿈은 고통을 느낄 수도 없이 서서히 죽어갔다. 그러나 이때쯤이면 우리는 또 다른 꿈을 가지기 시작하기 마련이다. 그 꿈들은 하나씩 차례로 반짝하는 순간을 가졌다가 꺼져버리는 듯하다. 영원한 행복에 대한 우리의 바람은 어디선가 길을 잃은 것이다.

기대와 행복

두말할 나위 없이 기대는 행복과 많은 관련이 있다. 이것은 가장 배우기 힘든 삶의 교훈 가운데 하나이다. 행복이 외부의 사물이나 다른 사람들로부터 오리라고 생각하는 정도에 따라 꿈이 죽음을 맞을 것인지 아닌지가 결정된다. 참된 공식은 바로 $H = IJ$, 즉 행복은 내면의 일(Happiness is an Inside Job)이라는 것이다.

우리들 대부분은 어쩌해 볼 도리 없는 낭만주의자들이다. 그리고 슬프게도 이런 낭만적인 희망은 쉽사리 꺼지지 않는다. 우리는 끊임없이 비현실적인 꿈을 꾸며 아름답게 채색된 기대로 현실을 미화한다. 그리고 허공에 성채를 짓는다. 삶과 행복을 번호로 여는 자물쇠라 생각했다. 일단 그 번호를 알게 되면 영원히 행복해질 것이라고 생각한다. 그러나 우리의 행복을 사물에 대한 기대나 다른 사람의 손 안에 두는 한 어김없이 좌절이 올 것이다.

수년 전 한 이혼 법정 변호사는 대부분의 이혼이 낭만적인 기대에서 초래된다는 의견을 제출했다. 잭은 질과의 결혼이 천상의 축복이라 생각했다. 그는 그녀를 "천사"나 "연인"이라 부른다. 그녀는 그가 원하는 바의 전부이다. 그는 그녀를 위해 낭만적인 연가를 부른다. 그때 결혼을 축복하는 종소리가 울려퍼지자마자 진실이 드러나기 시작한다. 불쾌한 분위기, 체중은 불어나고, 저녁식사는 타고, 곱슬곱 슬한 머리카락, 때로 불쾌한 숨결과 체취. 어떻게 자신이 이따위에 빠질 수 있었는지 그는 곰곰히 생각하며 의아심을 가진다. 그리고 그는 그녀가 자신을 속였다고 은밀히 생각한다. 그는 자신의 행복을 "천사의 얼굴"에 걸었는데 이제 그것을 분명히 잃어버렸다.

한편 질 역시 결혼 전에는 잭을 떠올릴 때마다 맥박이 빨라짐을 느꼈다. 그와의 결혼은 천국을 약속해 주었다. "나의 파란 천국에 잭과 나, 우리 아기, 이렇게 셋 …" 그러나 그때 담뱃재와 텔리비전 스포츠 프로에 대한 그의 집착, 사소하지만 고통스런 그의 무감동, 아무 데나 널부러진 그의 옷 … 빛나는 갑옷을 입은 그녀의 기사는 "품위없는 한 남자"로 변해 버렸다. 치약 뚜껑은 어디론가 사라지고 그가 고쳐주겠다던 문 손잡이도 여전하다. 질은 매번 눈물을 터뜨리며 전화번호부에서 "가정 상담소"를 뒤적이기 시작한다. 잭은 당당하게 그녀를 일몰 속으로 데려왔으며, 그후로 깜깜절벽이 되어버렸다.

결혼생활의 절반이 이혼으로 끝난다. 재혼의 65%가 똑같은 상처를 남기는 슬픔으로 막을 내린다. 누군가가 혹은 그밖의 무엇이 우리를 행복하게 해주리라 기대할 때는 늘 망상이 따르는 듯싶다. 그런 기대들은 언제나 비를 맞게 되는 행렬이다. "캐밀롯"(Camelot, 아더 왕의 궁전이 있는 곳)과 "라이트"(Right)라 불리는 사람은 존재하지 않는다. 기대는 언제나 우리를 황홀케 하지만 그것들은 순식간에 밤과 어둠의 실망 속에 삼켜지고 만다. 행복에 대한 책임을 사물이나 다른 사람들이 떠맡고 있다고 기대할 때부터 우리의 과오는 시작된다. 언젠가 큰 몸집을 한 여자가 왜소하게 앉아 있는 그녀의 남편 앞에 서서 "나를 행복하게 해주세요!" 하고 요구하는 만화를 본 적이 있다. 그것은 웃기기 위한 만화이며, 현실을 과장하여 표현했다. 그렇기 때문에 우스꽝스러워 보였다. 아무도 우리를 진실로 행복하게 혹은 불행하게 만들 수는 없다.

슬픈 통계

나는 우리가 모두 "행복의 습관"을 가질 수 있다고 믿는다. 그러나 철학자 소로우(H. D. Thoreau)는 우리들 대부분은 "고요한 절망의 삶을 이끈다"고 말한 적이 있다. 소로우는 우리가 진실된 희망과 영원한 행복을 포기했다고 생각했다. 현 시대의 증거는 압도적이다. 소로우가 옳은 것 같다. 알코올과 다른 약물들에 대한 의존 인구가 증가함에 따라서 증가하는 이혼율, 어린이와 배우자 학대, 폭증하는 십대의 임신, 거리를 활보하는 갱, 고등학교 복도를 순찰하는 경찰, 증가하는 교도소, 항시 도사리고 있는 세계대전의 위험 등. 많은 사람들은 이 모두가 국가적인 불행을 설명해 준다고 생각한다. 우리가 숨쉬는 공기마저도 오염되어 있음이 증명되었다. 농작물에 내리는 비는 "산성비"이다. 주장에 의하면 우리가 먹는 음식은 갖가지 암을 유발하는 물질을 함유하고 있다. 수백만 명의 생명을 앗아가리라 예견되는 AIDS의 악몽도 존재한다. 아무도 다소간의 좌절을 겪지 않고 이런 현상들을 받아들일 수는 없다. 다시 말해 이런 현상들에 불쾌감을 느끼지 않는다면 그것은 충분히 주의를 기울이지 않았기 때문이다. 크론카이트(Walter Cronkite)의 말 "만일 모든 일들이 점점 나아지고 있다고 생각된다면, 당신은 텔레비전 수상기를 수리하도록 하는 게 좋을 것이다"와 같은 것이다.

세계 보건 기구가 우울증을 세계에 가장 널리 만연되어 있는 질병으로 규정한 것은 놀라운 일이 아니다. 미국인의 1/3이 매일 아침 우울함을 느끼며 눈을 뜬다. 전문가들의 의견에 의하면 단지 10~15%의 미국인들이 자신이 참으로 행복하다고 생각하고 있다. 전문직종 가운데 정신과 의사의 자살율이 가장 높다. 분명히 정신 치료조차도 행복으로 들어가는 비밀의 문에 채워져 있는 자물쇠를

여는 올바른 숫자를 가르쳐 주지 못한다. 결과적으로 행복에 대하여 수많은 냉소주의가 떠돈다. 우리들 대부분이 행복을 찾는 데 성공하지 못했기 때문에 많은 사람들이 자포자기한다. 그래서 약물을 함부로 복용하고 약물 안개 속을 방황하며, 먹고 마시고 유쾌하게 보이도록 애쓴다. "삶은 투쟁이며, 너는 죽으리라"고 누군가 말했다. 많은 사람들에게 있어 참된 행복에 대한 기대와 가능성은 단지 잔인하고 짓궂은 장난에 지나지 않는다. 그것은 우리가 더 빨리 달리고 더 열심히 노력하도록 우리 앞에 매달아 둔 가짜 당근이다.

광고화된 행복

외부 세계를 통해 경험한 망상에도 불구하고, 우리는 우리가 구하는 바를 찾기 위해 결코 내면 세계를 들여다보지 않는 것 같다. 우리는 외계를 탐험함에 있어 위대하지만 내면을 탐구하는 데 몹시 서툴다고 한 하마슐드(Dag Hammarskjöld)의 말이 옳은 것 같다.

아마도 우리는 밀려오는 광고의 물결에 오도되어 온 것 같다. 광고되는 상품을 사고 사용하면 자신이 행복해지리라 확신했던 것이다. 우리는 근사해 보이는 옷을 입고 좋은 소리를 내며 좋은 냄새를 맡았다. 우리는 행복과 무분별한 방종을 지니고 삶의 고가도로를 달려나간다. 이들 광고 매체는 행복이란 단순히 쾌락을 증대시키는 것이라고 유혹한다. 그래서 우리는 빚을 질 만큼 물건을 사들이고 행복을 만들어 낸다는 온갖 상품을 소비한다. 그래도 여전히 "고요한 절망의 삶을 이끌어가고 있다". 우리는 결코 광고가 약속하는 행복에 대한 기대까지 살 수는 없다. 향수를 파는 젊은 여자에 관한 이야기가 있다. 그녀의 등 뒤에 이런 광고 문구가 크게 씌어 있었다. "이 향수는 당신에게 멋진 남성을 구해 줄 것을 보증합니다!" 작달막한 노처녀가 판매대로 다가와 조심스레 판매원에게 "이 향수가 정말로 남자를 구해 줄까요?" 하고 물었다. 그러자 판매원은 이렇게 대답했다고 한다. "그게 사실이라면 무엇 땜에 제가 이 향수를 팔려고 하루 여덟 시간을 꼬박 여기 서 있겠어요?"

행복을 구하는 우리의 눈길이 우리의 소화관보다 더 큰 것일까? 아니면 단순히 비효율적인 기대를 가져서일까? 그처럼 단순하지 않다고 생각한다. 나는 우리가 엉뚱한 데서 행복을 찾고 있다고 생각한다. 우리는 자신의 희망을 우리에게 결코 가져다줄 수 없는 다른 사람들과 사물들에 못박아 두었다. 자신의 생각을 스스로 일깨우게끔 나는 세면대 위에 걸어 둔 거울에 다음과 같이 적어 두었다. "너는 너의 행복에 모든 책임이 있는 사람의 얼굴을 보고 있다." 그리고 시간이 흐를수록 나는 그 말이 뜻하는 바를 더욱더 믿게 되었다.

부모의 테이프

행복의 근원을 혼동하는 이유 가운데 하나가 이른바 "부모의 테이프"(parent tapes) 때문이다. 이것은 유아이거나 아이였을 때 우리에게 영향을 주었던 부모의 메시지이다. 우리는 늘 해답을 구하며 세상을 살아간다. 그리고 삶의 초기에 얻었던 해답들은 뇌 속에 있는 기억 장치에 기록이 되었다. 하루 종일 그리고 심지어 잠들었을 때조차 이 부모의 테이프가 우리 내부에서 작동하고 있다.

인간의 마음이 항시 묻고 있는 질문 가운데 하나는 이것이다. "무엇이 나를 행복하게 해줄 것인가?" 아이였을 때 얻었던 대부분의 답변들은 말로 전해진 것이 아니라 실제 행해졌던 것이다. 말로 전해들음으로써가 아니라 봄으로써 배운다. 우리는 부모가 걱정하는 것을 보았을 테고 그래서 우리도 걱정하는 것을 배운다. 그들이 돈 때문에 다투는 것을 들었으므로 돈이 행복에 필수적이라는 생각을 이끌어 내게 되었다. 그들이 쓰는 말, 신체 언어(body language), 얼굴 표정에서 다른 사람에 대한 지나친 의존을 감지했을 수도 있다. 그래서 다른 사람들이 우리를 행복하게 해줄 수 있다고 결론짓게 된 다. "넌 정말 나를 화나게 하는구나"라는 등의 비난을 들었을 수도 있다. 그래서 다른 사람들이 우리를 화나게 할 수도 있다고 결론지 을 수도 있다. 분명히 그들은 우리를 행복하게도 불행하게도 만들 수 있으며, 화가 나게도 기쁘게도 하며 평안함을 느끼거나 두려움을 가지게 할 수도 있다. 혹은 흔히 듣는 대로 "만일 당신이 건강을 소 유했다면 모든 것을 소유했다"라는 말을 떠올릴지도 모른다. 한때는 나 자신을 독립적으로 사고하는 사람이라고 여겼던 적도 있었다. 그 러나 나이를 먹어감에 따라 나는 이 부모의 테이프가 나와 나의 삶 에 매우 중요한 부분을 이루고 있음을 깨닫게 되었다. 나는 끊임없 이 되돌아보고 수정해 나가야 한다.

비교와 경쟁의 함정

우리들 내부에서 끊임없이 작동하는 테이프 가운데 하나는 "비교"의 테이프이다. 사람들 앞에 나서게 되면서부터 우리는 다른 사람들에 게 비교되어져 왔다. "그는 아버지를 닮았어요." "그 여자는 어머니 를 닮았지요." 흔히 비교가 되는 점들은 다음과 같다.

◇ 외모
◇ 지능
◇ 행동
◇ 소양

물론 언제나 우리보다 더 잘 생기고 더 멋있으며, 더 세련되게 행동 하고 더 많은 소양을 갖춘 이들이 있기 마련이다. 부모나 교사들은 그들을 우리의 본보기로 삼으려고 할지도 모른다. "왜 너는 그와같 이 되지 못하지?" "왜 너는 형처럼 잘 해내지 못하지?" "머리를 내려

빗으면 사람들이 네 넓은 이마를 보지 못할 테니 훨씬 나아 보일 거다." 그래서 대부분 우리는 다른 사람들과 자신을 비교하도록 배운다. 그리고 모든 전문가들은 다음과 같은 의견에 동의한다. "비교는 참된 자기 만족의 죽음이다."

"경쟁"의 함정은 약간 다르다. 학창시절에 그리고 졸업 후에, 우리는 다른 사람들과 대항하게 된다. 물론 다른 사람들 역시 우리에게 대항한다. 성적이나 탁월한 운동 능력, 인기, "그룹 내에서" 일원으로 경쟁을 벌인다. 불행히도 이런 삶의 초기 시합과 경쟁의 결과는 많은 사람들에게 평생의 상처를 남겨 놓는다. 그럼에도 불구하고 우리들 대다수는 계속 경쟁하기를 멈추지 않는다. 단지 그후로 신분의 상징이 바뀔 따름이다. 우리는 여전히 장엄한 광경이나 음향에 침을 흘린다. 마음 속에서 질투심은 파랗게 질려 신음한다. "아, 내가 저렇게 보일 수만 있다면 …", "내가 저런 모든 근사한 말들을 떠올릴 수 있다면 …", "내가 저런 땅을 가진다면 …", "내가 저렇게 많은 돈을 벌 수 있다면 …" 그러나 우리는 가까워지지 못했다. 경쟁에서 모든 사람은 지기 마련이다.

나 자신의 경험과 결론

나는 살아오는 동안 온갖 계층의 사람들과 접해 보았다. 많은 사람들이 자신들의 개인적인 고투와 성공을 나와 함께 나누었다. 수년에 걸친 이런 인간관계를 통해 나는 행복에 이르는 분명한 길에 관하여 많은 정신적인 주석을 달아 왔다. 이런 직업적인 관계와 더불어 나 자신의 개인적인 행복 역시 추구했다. 나 자신의 성공과 실패에 대해 분명히 기억하고 있는 것들이 있다. 매혹적으로 보이지만 어떤 곳으로도 데려다 줄 수 없는 "죽은 목적들", 한 번에 한 발짝씩 올라야 하는 언덕들, 추락할 수도 있는 "함정"도 있었다.

이 모든 기억들을 검토해 볼 때, 나는 누구나 행복에 도달할 수 있다는 확신을 가지게 되었다. 단 한 가지 문제점은 우리가 행복에 도달하기는 하지만 그릇된 방향으로 향하고 있다는 것이다. 행복은 마음 속의 일이며, 또 항상 그래 왔다.

또 다른 중요한 결론은 이것이다: 행복은 역시 하나의 부산물이다. 그것은 무언가를 행함으로써 얻어지는 결과이다. 손에 좀처럼 잡히지 않는 나비처럼 우리는 행복을 곧바로 따라잡을 수는 없다. 행복을 직접적으로 구하고자 하는 모든 시도들은 하나같이 실패할 것이다. 음식, 거주지, 지식 등 그밖의 것들에 대하여는 구하는 대로 곧바로 얻을 수가 있다. 그러나 행복에 대해서만은 그렇게 할 수가 없다. 행복은 "그밖의 어떤 것"을 행함으로써 얻어진다.

그것은 무엇을 말하는가? 나의 경험을 여러 차례 되새겨 본 결과 열 가지 인생 과업 혹은 훈련들로 요약될 수 있다고 확신한다. 나는 다른 사람들이 내가 제안하는 열 가지 일들의 목록 — "그밖의 어떤 것" — 에 대해 의견을 달리하거나 수정하기를 바란다. 여러분 역시 자유롭게 생각하기를 바란다. 그러나 나로서는 개인의 참된 행복을 경험하기 위해서는 이 열 가지를 반드시 실천해야 한다고 생각한다. 이 열 가지 과업에 대한 설명이 바로 이 책의 내용이 될 것이다. 이 글들은 내가 당신께 드리는 사랑의 제물이다. 바라건대 당신이 이 책을 손에 가볍게 쥐고 열린 마음으로 읽어주기를 희망한다.

당 부

인간적인 행복에 이르는 이 길들은 삶의 과업이다. 단 한 번에 해치울 수 있는 간단한 일이 결코 아니며 행복의 사탕과자가 나오는 자동판매기 속에 수많은 동전을 집어 넣는 것과 같지는 않다. 그때 느닷없이 행복의 사탕이 나오는가? 그것은 가짜 묘약을 파는 것일 것이다. 그것은 유망한 손쉬운 행복의 협잡꾼이 될 것이다. 삶은 과정, 즉 점차적인 성장 과정이다. 우리는 삶의 과업들을 점차적으로 완수해 나갈 수 있을 따름이다. 행복에 이르는 길은 건너야 할 다리이지 요령껏 꺾어져 들어서야 할 모퉁이가 아니다.

행복은 부산물이므로 다음을 약속해 준다. 여기에 열거된 열 가지 삶의 과업들을 완수해 갈수록, 우리는 더욱 많은 개인적인 평화와 만족감을 얻게 될 것이다. 행복을 다른 사물이나 사람에게서 구하지 않고 자신의 내부에서 보면 볼수록 삶의 의미와 방향감을 더욱 깊게 체험하게 될 것이다. 이것은 일체냐 혹은 무냐의 문제가 아니라는 사실을 기억하라. 오히려 그것은 더욱더의 문제이다. 산다는 것은 성장한다는 것이요, 성장은 언제나 점차적으로 일어난다.

라틴어 beatus는 "행복한"(happy)의 의미를 지닌다. 지복(beatitude)은 도전이며 완성이다. 그것은 이 도전을 짊어지고 점차적으로 완성해 가는 개인에게 참된 행복을 가져다줄 것을 약속한다.

이러한 것들이 나의 "지복들"이다.

있는 그대로의 자신을
받아들여야 한다

우리는 생각을 포함한 사물에 집착하려는 경향이 있다. "나는 누구인가"와 같은 문제를 두고 우리는 애초에 가진 생각들을 포기하지 않는다. 그러나 성장에는 어떤 옛 생각들은 포기하는 것이 필수적이다. 자신에 대하여 내가 지닌 정체된 상을 포기하는 방법을 배워야 한다. 성장하려 한다면 과거로부터 벗어나야 한다. 자신이 유일한 존재로서 과정중에 있는 — 항상 그리고 영원히 배우고 변화하며 성장하는 — 개인임을 깨달아야 한다. 또 하나의 중대한 현실은 지금 내가 누구인가 하는 것이다. 현재의 나는 과거에 이러저러했던 내가 아니다. 나는 아직 미래에 이러저러할 내가 아니다. 그리고 무엇보다 이것을 알아야 한다. 나는 이러저러하도록 기대되어지는 존재이며, 또한 그것이 무엇이든 나의 생명으로 행하도록 기대되어지는 바를 행할 충분한 장비를 갖추고 있다.

자기 수용의 표지

무엇보다도 자기 수용은 내가 현재의 나 자신임에 **기쁘게** 만족한다는 의미를 포함한다. 현재의 나 자신에 단순히 안주해 버림은 "더 좋거나 더 나쁜" 종류의 것을 받아들임이다. 그것은 우리를 의기소침케 할 수 있다. 행복한 사람이 되기 위해서는 현재의 나 자신에 대해

17

서 행복해지는 법을 배워야 한다. 그러나 이것은 간단한 문제가 아니다. 여러분도 알다시피 우리는 마음의 "무의식적인" 차원을 가진다. 그것은 대면하기를 바라지 않거나 더불어 살 수 없는 것들의 은신처 혹은 정신적인 묘지이다. 불행히도 진실은 우리가 이런 "눈에 거슬리는 것들"을 죽이지 않고 산 채로 마음 속에 담아둔다는 것이며 그것들은 끊임없이 우리에게 영향력을 미친다. 그러나 우리는 모든 우리의 사상, 말, 행동들에 관한 그들의 끊임없는 영향력을 깨닫지 못한다.

그러므로 다음의 물음에 직면하는 것은 간단한 문제가 아니다. "나는 참으로 나 자신을 받아들이는가? 나는 현재의 나 자신을 즐기는가? 나는 현재의 자신 안에서 의미와 만족을 발견하는가?" 쉽사리 그리고 재빨리 나오는 대답은 믿을 만한 것이 못 된다. 그러나 믿을 만한 진실의 표지나 징후들이 있다. 자기 수용의 이 표지들은 일상생활에서 드러날 것이다. 나는 여기 참으로 즐겁게 있는 그대로의 자기 자신을 받아들이는 사람들에게서 뚜렷이 발견되는 열 가지 표지를 열거하고자 한다.

① **자기를 받아들이는 사람들은 행복한 사람들이다.** 기이하게도 참된 자기 수용의 첫번째 표지는 행복 그 자체이다. 이것이 하나의 악순환처럼 들리지 않는가? 그러나 현재의 자신을 참으로 즐기는 사람들은 언제나 좋은 친구들을 가진다. 하루 24시간 그들이 좋아하는 누군가와 함께한다. 기쁜 날이건 궂은 날이건 다정하고 유쾌한 친구가 늘 곁에 있다. 그들을 불행하게 할 수 있는 것은 그다지 많지 않다. 만일 다른 사람들이 자신의 흠을 잡거나 사랑하지 않는다면 참으로 자기 자신을 사랑하는 사람들은 대화상에 문제가 있다고 믿을 것이다. 혹은 이렇게 믿을 수 없는 경우에 그들은 그 흠을 잡거나 사랑하지 않는 사람 자신이 개인적

인 문제를 안고 있다고 결론을 내린다. 그래서 그 사람을 가엾게 여겨 그에게 화를 내지 않을 것이다.

② **자기를 받아들이는 사람들은 다른 이들에게 쉽게 접근한다.** 있는 그대로의 자신을 받아들일수록 다른 사람들 역시 자신을 좋아하리라고 추정하게 된다. 그들이 나를 받아들이리라 예상하므로 다른 사람들과 함께 있기를 좋아한다. 낯선 이들이 가득한 방 안에도 자신있게 들어가 주위 사람들에게 자신을 소개할 수 있을 것이다. 또한 자신을 자기 개방을 통해 주어진 선물로 또 다른 사람들을 정답고 고맙게 받아들일 선물로 생각할 것이다. 그러나 만일 진실로 자신을 사랑한다면 혼자 있는 순간 또한 즐기며 음미할 것이다. 자신을 기쁘게 받아들이는 이들에게 혼자 있음은 평화로운 고독을 의미한다는 것은 진실이다. 자신을 받아들이지 않는 이들에게 혼자 있음은 고통스런 외로움을 뜻할 수 있다. 외로움을 느끼는 이는 진공 상태를 경험하며 단지 오락 — 신문, 한 잔의 차, 시끄럽게 울리는 라디오 등 — 을 구하게 된다.

③ **자기를 받아들이는 사람은 항상 사랑받고 칭찬받는 데 개방되어 있다.** 만일 참으로 자신을 받아들이고 즐긴다면, 다른 사람이 나를 사랑하는 것을 이해할 수 있을 것이다. 나는 품위있게, 감사하는 마음으로 다른 사람의 사랑을 받아들일 수 있을 것이다. 나는 다음과 같이 마음 속으로 두려움에 맞서 싸울 필요는 없을 것이다: "만일 당신이 진짜 내 모습을 안다면 나를 사랑하지 않을 테지요." 나는 또한 호의를 담은 평가나 칭찬을 받아들이고 마음 속에 간직할 수 있을 것이며 그런 칭찬에 편안함을 느낄 것이다. 그런 칭찬을 하는 사람의 동기가 무엇인지 끊임없이 의아해할 필요는 없을 것이다: "좋아요, 왜 그렇게 생각하지요? 무엇을 원하나요?" 자신에게 슬픈 마음으로 투덜댈 필요도 없다. "아, 너는 진지해질 수가 없다"라고.

④ 자기를 받아들이는 사람은 "참된" 자신이 되도록 부여받는다. 있는 그대로의 자신을 참으로 기쁘게 받아들이는 정도에 따라 오직 진정한 자기 수용에만 따르는 확실성을 자신에 대하여 가지게 된다. 다시 말해 나 자신일 수 있기 전에 자신을 받아들여야 한다. 나는 있는 그대로를 드러낸다. 기분이 상했을 땐 "아이고!"라고 소리지를 수 있을 것이다. 누군가를 사랑하거나 존경한다면 그 사람과 함께 정직하고 개방적으로 나의 사랑과 존경을 나눌 것이다. 오해나 그릇된 해석의 가능성을 두고 괴로워하지는 않을 것이다. 내가 느끼는 것을 상대방도 느끼는지 그렇지 않은지에 대해 걱정하지 않을 것이다. 한마디로 말해 나는 내가 되는 것에 자유로워질 것이다.

이 확실성은 삶의 가방이나 짐이 되는 가면들을 가지고 다닐 필요가 없음을 의미한다. 나는 진실에 마주할 것이다: 나는 당신을 즐겁게 해주어야 할 필요가 없으며 오직 내가 되어야 한다. 당신이 보는 것이 당신이 취하는 것이다. 이것이 바로 나이며 신이 창조하신 본래의 나의 모습이다. 어디에도 나와 똑같은 사람은 없다. 우리들 대부분은 가면을 쓰고 너무나 오랫동안 하나의 역할을 꾸며왔기 때문에, 어디서 그 가면의 역할이 끝나고 참된 내가 시작되는지 알지 못한다. 그러나 우리는 진짜가 되고자 하는 끈질긴 충동을 가진다. 참된 자신이 되었을 때 우리는 정직이 주는 편안한 느낌을 가진다.

⑤ 자기를 받아들이는 사람은 현재의 있는 그대로의 그들 자신을 받아들인다. 어제의 나는 역사이다. 미래의 나는 미지수이다. 과거에서 해방되고 미래의 기대 속에 살지 않는 것은 결코 간단하고 쉬운 일이 아니다. 그러나 참된 자기 수용은 오직 이 순간 있는 그대로의 나에 초점을 맞추어야 한다. 이것을 한 기지에 찬 옛 시구는 다음과 같이 표현하고 있다:

너의 "이었음"은 쓸모없나니

너의 "임"이 참되다면.

내가 저질렀던 온갖 실수를 포함하여 지금까지의 나는 문제가 되지 않는다. 문제가 되는 것은 지금의 나이다. 지금의 나를 받아들임은 미래에 이루어질 나에 대한 기대로 부풀지 않는 것과 같다. 내가 오직 가능성있는 나만을 사랑하거나 다른 사람들이 사랑하도록 허락한다면 이런 사랑은 파괴적이지는 않더라도 쓸모가 없다. 모든 참된 사랑의 필수적 특징이라 할 수 있는 무조건성을 결한다. 그래서 "만일 당신이 … 이 된다면 나는 당신을 사랑하겠다"고 말할 따름이다. 브라운(Charlie Brown) 노인이 언젠가 말했듯이 "삶의 최상의 고통은 큰 가능성을 가지는 것이다".

⑥ **자기를 받아들이는 사람은 자주, 쉽사리 자신을 비웃을 수 있다.** 자신을 너무 심각하게 여기는 것은 불안정의 표시가 된다. 옛 중국의 지복에는 다음이 포함된다: "자신을 비웃을 수 있는 자는 행복하다. 그들에게는 즐거움이 다할 날이 없을 것이다." 자신의 약함과 어리석음을 인정하고 비웃을 수 있음은 오직 자신을 받아들임으로써만 가능한 내면의 인정을 요구한다. 자신이 근본적으로 선함을 알 때에만 또한 내가 인간의 한계를 지녔음을 인정할 수 있다. 이런 한계들이 삶의 표면에 떠오르고 다른 사람들이 이것을 알아채게 될 때도 나는 웃을 수가 있다. "내가 당신에게 장미의 정원을 약속한 적은 없었잖아요?"

⑦ **자기를 받아들이는 사람은 자신의 요구를 깨닫고 돌볼 능력이 있다.** 무엇보다도 자기를 받아들이는 사람은 자신의 욕구 — 신체적·정신적·지적·사회적·영적 욕구 — 와 직면한다. 그리고 두번째로, 이러한 맥락에서 보아 자애는 자신의 집에서 시작된다는 것은 사실이다. 만일 자신을 사랑할 수 없다면 그밖의 누구도 사랑할 수 없다. 자신의 욕구를 무시하는 것은 자살의 과정

에 들어가는 것이다. 나는 이웃을 자신처럼 사랑해야 한다. 그러나 진정으로 순수하게 자신을 사랑하면 자연적이며 자발적으로 이웃을 사랑하는 힘이 주어지리라는 것은 거의 자명한 이치이다.

자기를 받아들이는 사람은 그들의 욕구가 충족되는 균형잡힌 삶을 살기를 원한다. 그들은 보통 충분한 휴식과 안정, 운동, 영양을 취하며 과식, 흡연, 음주, 약물 복용과 같은 것으로 자기 파괴를 하지 않는다. 또한 그들의 욕구가 다른 사람들의 욕구, 추구, 요구와 균형을 이루도록 배정할 수 있다. 그들은 그들이 자주 동정심을 가지고 도와 주는 다른 사람들의 욕구에 주의를 기울인다. 그러나 후회나 죄의식으로 주저함이 없이 다른 사람에게 거절할 수도 있다. 그들은 자신의 한계와 욕구를 알고 있다.

⑧ **자기를 받아들이는 사람은 자기 결정을 하는 사람이다.** 자신을 받아들이는 사람은 자신의 할 바를 내부에서 취하지 다른 사람에게서 취하지 않는다. 만일 진실로 기쁘게 자신을 받아들인다면 다른 사람들이 생각하거나 말하는 것이 아닌, 나 자신이 올바르고 적당하다고 생각하는 것을 행할 것이다. 자기 수용은 상대적으로 대중 심리학이나 군중 심리의 영향을 받지 않는다. 필요하다면 물결에 거슬러 헤엄치는 것도 두려워하지 않는다. 펄스 (Fritz Perls)가 말했듯이 "나는 당신이 기대하는 바대로 살기 위해 세상에 태어나지는 않았다. 그리고 당신은 내가 기대한 대로 살기 위해 세상에 태어나지 않았다".

⑨ **자기를 받아들이는 사람은 현실을 올바르게 접한다.** 현실은 때때로 이에 반대되는 것을 생각함으로써 더 쉽게 이해될 수 있다. 그것은 다른 사람으로 다른 삶을 사는 자신을 꿈꾸거나 상상하는 것을 배제한다. 나는 참으로 있는 그대로의 나 자신, 참으로 있는 그대로의 그들 자신을 다룬다. 다른 사람과 같을 수 없다는 것을 한탄하며 쓸데없이 에너지를 소모하지 않는다. 또한

참으로 있는 그대로의 삶을 즐기며 그러한 삶에 열중한다. 나는 정신적으로 "가능성" 속을 이리저리 방황하지 않는다.

⑩ **자기를 받아들이는 사람은 단호하다.** 자기 수용의 최종적 표지는 이른바 단호함이다. 자신을 받아들이는 이로서 나는 진지하게 받아들여져야 할 나의 권리, 나 스스로 생각하고 선택할 수 있는 권리를 주장한다. 나는 모든 관계를 동등하게 맺는다. 강제로 낙오자가 되거나 무기력함을 강요받아 돕는 자가 되지는 않을 것이다. 또한 내가 틀릴 수도 있는 권리를 주장한다. 많은 이들은 우리가 틀릴 수도 있다는 근거에서 참된 단호함으로부터 물러선다. 우리는 자신의 의견을 묻어두고 우리가 선호하는 것을 알리기를 거부한다. 기쁜 자기 수용은 단호할 수 있도록 우리에게 도전한다. 우리 자신을 존경하기 위해서, 개방하여 정직하게 우리 자신을 표현하기 위해서.

자기 수용은 한낱 과장된 자기중심주의인가?

자신을 사랑해야 한다는 말을 들을 때마다 우리의 얼굴을 붉히게 하는 본능이 있다. 우리는 자기중심주의에 대해 매우 현실적인 두려움을 경험한다. 지금도 자기중심주의를 "극악죄"로 일컫는지 모르겠지만 옛 목록의 첫머리에는 **교만**이 자리잡는다. 이 문제가 지니는 놀라운 사실은 자기중심주의 혹은 나르시즘이 자기애가 아닌 자기 혐오에서 유래한다는 것이다. 자기 중심적인 사람은 공허함을 느끼고 이 고통스런 진공을 허풍을 떨며, 경쟁하고 남을 이기는 것 등으로 채우려고 한다. 자기를 좋아하는 사람 안에서 이 자기 수용의 내란은 종말을 고한다. 총성은 잠잠해진다. 어둠은 물러난다. 모든 주의를 자신에게로 끌던 고통이 잠잠해진다. 마침내 평화가 찾아든다. 자신으로부터 벗어나 다른 사람에게로 나아갈 수 있는 새로운 자유가 생긴다. 참으로 기쁘게 자신을 받아들일 수 있는 사람들만이 자기 망각의 사랑을 성취하고 다른 사람들을 돌볼 수 있다.

이러한 맥락에서 위대한 정신분석가 융(Carl Jung)은 다음과 같이 말했다. "우리 모두는 가장 미천한 우리의 형제 자매들을 어떻게 대해야 할지 예수가 무엇이라고 말했는지를 안다. 그러나 가장 미천한 자, 이 형제 자매들 가운데 가장 궁핍한 자가 바로 나임을 발견한다면 어찌 할 것인가?" 종종 훌륭하고 품위있는 사람들이 자신에게 실망함은 건전한 일이라는 생각을 가진다. 그들이 "천사의 빛"이라고 여기는 것은 실제로는 하나의 유혹이다. "나는 현재의 나보다 더 나아지기를 기대했다"라는 생각은 틀림없이 우리를 낙담케 한다. 그것은 신이 우리 각자에게 보여주는 사랑을 깨닫는 데 치명적이다. 자신에 대한 실망이 매우 겸손하고 객관적으로 보인다 할지라도, 사실 그것은 사랑받는 경험에 손상을 입히고 나 자신이나 내가 성취한 것들에 대해 주어지는 어떤 긍정적인 평가도 불신한다. 자신에 대한 실망은 내가 만들어 놓은 행복을 나에게서 남몰래 훔쳐간다.

내가 보는 바로는 교만과 참된 겸손은 같은 방향에서 시작된다: 즉, 자신의 선과 재능을 깨닫고 음미함으로써이다. 그때 미덕과 악덕이 짝을 이룬다. 교만은 선과 재능을 개인적인 소양이라 주장한다. 교만은 박수 갈채에 귀를 귀울이며 아첨의 냄새를 맡는다. 인정과 보상이 없을 때 교만은 외로움을 느낀다. 겸손은 "내게 주어지지 않은 것은 아무것도 없다"는 사실을 고요한 가운데 깨닫고 있다. 겸손은 감사히 여기며 손에 넣으려 하지 않는다.

자기 수용에 대한 장애물

지혜로운 누군가가 말했듯이 적절한 해답을 찾기 전에 문제를 분명히 보아야 한다. 그래서 우리는 "왜 많은 사람들이 자신을 받아들이는 일에 어려움을 겪는가?"라고 묻는다. 내 생각에 그것은 우리 모두가 열등감을 지니고 있기 때문인 것 같다. 그런 감정을 가지지 않은 것처럼 보이는 사람들은 단지 그런 척할 따름이다.

우리는 이 세상에 와서 어떤 해답도 찾지 못한 문제들을 물으며 살고 있다. 해답을 찾지 못한 가장 분명한 문제는 "나는 누구인가?"라는 것이다. 생후 5세에 이르기까지 날마다 전해 들은 부정적인 메시지는 평균 431가지에 이른다. "그곳에서 내려오너라", "아니 넌 너무 작다", "그걸 내게 주렴! 너는 다치고 말 테니까!", "넌 또 일을 망쳐 놓았구나", "제발 조용히 하거라. 오늘은 정말 힘든 하루였다". 내 친구 가운데 한 사람은 여덟 살이 될 때까지 자기 이름이 "프레디 아니-아니"(Freddy No-No)라고 생각했다고 맹세했다. 우리 자신이 부적합하다는 최초의 인상은 의심할 것도 없이 우리와 함께 머문다.

자신을 받아들이지 못하게끔 방해하는 것은 자신이 지내온 개인사만큼이나 각자에게 독특한 것이라는 것은 사실이다. 내가 나 자신임을 충분히 즐길 수 없는 원인과 이유는 당신이 당신 자신임을 즐길 수 없는 원인과 이유와는 다소 다르다. 그러므로 그 문제에 대해 좀 더 분명히 규정짓기 위해 우선 다섯 가지 일반적인 범주를 두고 생각해 보기로 하자. 다음 중 무엇이 당신 자신을 받아들이는 것을 가장 어렵게 만드는가? 어떤 것이 가장 쉬운가? 계속 읽어나가면서 개인적인 어려움을 느끼는 순서에 따라 등급을 매긴 이유에 대해 약간의 정신적인 주석을 달아보도록 하라.

◇ 나의 몸
◇ 나의 지력
◇ 나의 실수
◇ 나의 느낌이나 감정
◇ 나의 성격

나는 나의 몸을 받아들이는가?

신체적인 외형은 최초의 그리고 가장 빈번한 설명과 비교 대상이 된다. 결과적으로 많은 사람들에게 그것은 자신을 받아들이는 데에 심각한 장애물이 되어왔다. 대부분의 임상 심리학자들은 신체적인 외형이 사람들이 자부심을 가지는 데 가장 중요한 요인이 된다고 믿는다. 우리 모두가 적어도 한번쯤은 자신의 외형이 달랐으면 하고 바랐을 것이다. 키가 더 크거나 작기를, 더 많은 머리숱이나 더 조그마한 코를 가지기를 바랄 것이다. 언젠가 읽은 적이 있는 자부심을 묻는 테스트는 나를 전신이 비추어지는 거울 앞에 서도록 했다. 그리고 다음과 같이 지시했다: "거울 앞에서 돌면서 비판적으로 당신의 외모를 자세히 살펴보라. 그리고 거울 속의 자신을 바라보며 묻도록 하라. '나는 신체적으로 있는 그대로의 나를 좋아하는가' 라고." 때로 아름다운 외모를 지닌 사람들이 자신이 매우 아름답다고 일괄되게 생각하지는 않는다. 그러므로 나는 자신에게 정직하게 물어야 한다. "나의 일괄적인 생각은 나의 자기 수용에 어떤 영향을 미치는가?"라고. 시작을 함에 있어서 답변은 정직하게 이루어져야 하며 그 밖의 것이 용납되어서는 안된다.

성형외과 의사들은 신체의 비정상적인 부분이 교정을 받을 때 환자에게 거의 즉각적인 심리적 변화가 일어난다고 주장한다. 좋은 외모를 지니게 되면 그는 사회적으로 더욱 외향적이 되고 더욱 유쾌하고 자신감을 가지게 된다. 언젠가 한 정형외과 의사는 늙은 여성 환자들에게 화장을 하고 머리를 손질하도록 충고했다고 했다. 그는 남성 환자들에게 비슷한 적절한 제안을 했다. 그리고 그는 웃으며 다음과 같이 덧붙였다. "외모가 더 나아 보임에 따라 환자들의 자아상과 사기가 얼마나 고취되었는지 놀라웠지요."

또 다른 면에 있어서 신체적인 자기 수용은 건강과 관계된다. 유전적이거나 기타 다른 이유로 해서 많은 사람은 어떤 신체적인 질병을 안고 살아야 한다 — 약한 폐와 시력, 경련성 결장, 신경성 위장, 피부병, 간질 혹은 당뇨병. 이런 신체적인 질병이 자신을 받아들이는 데 어떤 영향을 미치는지 스스로에게 두려움없이 물어보아야 한다. 다시 말하지만 답변은 정직해야 한다. 진실만이 우리를 자유롭게 할 수 있다.

나는 나의 지력을 받아들이는가?

대부분의 학교나 직장에서 지력을 어느 정도 강조하는 것이 사실이다. 개인관계에 있어서도 동료들 사이에 흔히 지적인 경쟁이 있기 마련이다. 많은 사람들이 교실 안에서 혹은 사회생활을 하며 당황하거나 웃음거리가 되었던 고통스런 기억을 마음 속에 지니고 있다. 다른 사람들이 우리를 동정하다시피 바라보거나, 우리가 한 설명이나 물음, 행동 등을 조롱했다.

그래서 우리는 자신이 부여받은 지력의 양이나 질에 만족하는지 스스로 물어보아야 한다. 이 점에 있어서 나는 자신을 다른 사람들과 비교해 보도록 유혹받는가? 나보다 정신적으로 더 기민하고 학식이 있어 보이는 사람들을 보고 움츠러들지는 않는가? 자부심과 그에 따른 행복은 이런 물음들과 그에 대한 나의 답변에 깊이 관련되어 있을지도 모른다.

나는 나의 실수를 받아들이는가?

인간은 약점을 지니고 있다. 그렇기 때문에 연필과 지우개가 함께 있는 것이다. 우리 모두는 실수를 저지른다. 하느님은 짐승과 새들을 틀림없는 본능으로 무장시켰다. 하지만 인간은 시행착오를 하면서 대부분의 것들을 배워야 한다. 한 옛 성인이 말한 바 "다른 사람의 실수를 보고 배우도록 하라. 네 자신은 그 모든 실수를 할 만큼 오래 살지는 못할 터이니". 만일 실수를 하지 않는다면 어떠한 것도

있는 그대로의 자신을 받아들여야 한다 27

발견할 수 없을 것이다. 분명히 진정한 실수는 그것으로부터 아무것도 배우지 못하는 것이다. 그러니 이 모임에 드는 것을 환영하라!

미덕과 더불어 이해와 인내심은 가정에서 시작된다. 어쨌거나 우리가 자신을 너그럽게 이해할 수 있기 전에 우리들의 자아는 절망의 지점에까지 다다라야 한다.

그래서 나는 자신에게 물어야 한다: 나는 어디에 있는가? 나의 "실수투성이"인 과거를 끌어들이기를 그만두었는가? 나는 나의 실패와 회오의 당혹한 감정을 더 이상 가지지 않는가? 정직하고 평화로운 심정으로 "이것은 이전의 나, 묵은 나이다"라고 말할 수 있는가? 지금의 나는 새롭고 실재의 내가 아닌가? 우리들은 자신이 과거의 실수들로부터 배웠다는 사실과 또 미성숙을 벗어나 성장했다는 사실을 깨닫지 못한다. 나는 옛날의 내가 새로운 나에게 많은 것을 가르쳤다는 걸 깨닫는가?

여기에 존재하는 함정은 개인의 어두운 측면과 과거의 실수들을 동일시하는 것이다. 그것은 자신을 이전의 나로 간주하는 것이다. 어릴 적에 통통한 아이였지만 이제 어른이 되어 살이 빠진 사람에 대해서와 같은 무엇이다. 중요한 문제는 나 자신을 뚱뚱하다고 생각할 것인지 말랐다고 생각할 것인지이다. 분명히 성장은 변화를 요구하며 변화는 "내어버림"을 의미한다. 이것은 당신에게 얼마나 어렵거나 혹은 쉬운 일인가? 기억할 것은 절대적인 정직을 지니고 출발해야 하며 그렇지 않을 경우 절대로 진실에 다다를 수 없다는 점이다. 그리고 진실이 없다면 성장도 기쁨도 있을 수 없다.

나는 나의 느낌이나 감정을 받아들이는가?

기분의 변화는 누구나가 겪는 일이다. 우리는 한 순간에 "고조"를, 다음 순간에 "침체"를 느낀다. 그러나 어떤 감정은 우리들이 만들어낸 애초의 도식화에 의해 존재로부터 격리감을 느끼게 된다. 예를 들어 나의 아버지는 "남자란 모름지기 무엇도, 누구도 두려워해서는 안된다"고 말씀하셨으므로 나는 언제나 내가 두려움을 가진다는 사실을 인정하기가 어렵다. 어떤 이는 질투의 감정이나 자기 만족을 억눌러야만 한다고 느낀다. 누군가가 우리에게 이런 감정들은 쉽사리 허락되어서는 안된다고 가르쳤던 것이다. 어디에서도 비난을 받는 한 가지 확실한 감정은 자기 연민이다. 우리 모두는 다음과 같은 비난을 들었거나 비난한 경험이 있다. "아, 당신은 그저 자신을 슬퍼하고 있을 따름이지요."

그런 감정들에 대해 어떻게 생각하는지에 따라 그것들을 다스릴 수 있다는 것이 사실인 것 같다. 그러므로 우리는 다음과 같이 물어야 한다: 기쁘게 자신을 받아들이는 데 방해가 되는 감정들이 나 안에 살아 움직이고 있는가? 자기를 비평하거나 비난하지 않고도 두려움, 상처, 분노, 질투, 분개, 자기 만족 혹은 자기 연민을 느낄 수가 있는가? 그것들이 곧 사라져 버리리라는 희망을 가지고 내가 감추는 느낌들이 있는가?

나는 나의 성격을 받아들이는가?

상세하게 들어가지 말고 여러 가지 종류의 성격 유형이 있다고 가정해 보자. 이런 유형들은 부분적으로 유전적이거나 어린시절에 이루어진 도식화의 결과이다. 물론 저마다의 성격 유형에는 건강하거나 건강하지 못한 개인이 있다. 그러나 언제나 성장을 위한 여지는 남아 있기 마련이다. 우리들 대부분은 보통 기본적인 유형으로 구분된다. 어떤 이들은 외향적인가 하면 어떤 이들은 내성적이다. 어떤 이는 타고난 지도자라 한다면 또 어떤 이들은 충실한 종복이다. 어떤 이는 말이 없고 어떤 이는 수다스럽다. 어떤 이는 재미있는 사람이지만 또 다른 이는 농담을 잘 알아듣지조차 못한다. 어떤 이는 뻔뻔스럽지만 어떤 이는 매우 예민하다. 그러나 우리 모두는 유일한 존재로서 다른 누구와도 같지 않다. 바로 이런 특성들이 우리를 구별짓는다. 우리가 가진 한계들이 우리를 규정짓는다. 나의 바탕이 되는 성격 유형을 고려해 볼 때 나는 나 자신에게 만족하는가? 나의 바탕이 되는 성격이 나에게 매혹적으로 보이는가 아니면 그것을 유감스럽게 생각하는가?

나의 성격을 더 잘 이해하기 위하여 나를 가장 잘 설명해 주는 다섯 가지 특징들의 목록을 만든다면 도움이 될 것이다. 조용하다, 소박하다, 수완에 능하다, 재미있다, 말이 많다, 감상적이다, 복잡하다, 외롭다, 명랑하다, 불안하다 등. 그리고 나와 친하며 동시에 매우 솔직한 친구에게 나를 가장 잘 설명해 주는 특징의 목록을 만들도록 부탁한다. 이 두 목록을 함께 모아 이제 나는 나의 작업에 들어갈 수 있다. 나의 성격은 행동하는 나(me-in-action)이다. 나는 자신이 마음에 드는가 아니면 실망스러운가? 나는 내 생각을 단호하게 변화시키기를 바라는가 아니면 현재의 나에게 만족하는가? 친한 친구를 사귈 때 나 자신과 비슷한 사람을 선택하는가?

도식화와 자기 수용

누군가의 기지에 찬 말에 의하면 어린아이가 할 수 있는 가장 영리한 행동은 부모의 지혜로운 선택을 그들이 하는 것이라고 한다. 기쁘게 자신을 받아들이게끔 하는 가장 깊은 뿌리를 우리는 유아시절과 어린시절에 두고 있다. 인간은 컴퓨터와 공통점이 있다. 우리가 보고 듣고 경험했던 모든 것이 뇌 속에 영원히 저장되어 남아 있다. 보통 인간의 뇌의 무게는 불과 3파운드 3온스에 지나지 않는다. 그러나 만일 컴퓨터가 인간의 뇌가 할 수 있는 만큼 많은 정보를 저장하도록 만들어졌다면 그 컴퓨터는 10층 높이, 텍사스 주만큼의 넓이가 되어야 하리라고 신경학자들은 주장한다. 아들레리아의 정신과 의사 드라이쿠르스(Rudolph Dreikurs)는 중요한 것은 우리에게 말해진 것이 아니라 우리가 들은 것 — 경험한 것 — 이라고 주장한다. 또 앞서 주장된 바대로 우리가 듣거나 경험한 것은 늘 우리로 하여금 각자가 위대한 인간의 완전한 모습으로 성장하도록 운명지어진 하느님의 멋진 작품이라고 확신케 하지 않는다.

몬테소리 유아원의 여 교사는 언젠가 나에게 그다지 놀랍지 않은 한 이야기를 들려주었다. 아이들을 모집하기 위하여 유아원에서는 등록 양식을 부모들에게 보낸다. 그런데 거기에는 다음과 같은 질문이 있다: 수업을 시작하기 앞서 여러분의 자녀에 대해 우리가 알아야 할 사항이 있습니까? 어떤 부모들은 이렇게 대답한다. "아, 우리 아이는 참 착한 애랍니다. 선생님도 우리 애를 정말 좋아하실 거예요." 그 교사는 나에게 설명해 주었다. "우리는 그 아이에게서 최대의 성과를 기대하게 됩니다. 그 아이들은 자신감이 있고 자기 의사를 발표하고 언제나 자신을 즐기는 것처럼 보입니다." 반면에 많은 부모들이 그들의 아이들이 곧잘 토라지고 짜증을 내며 걸핏하면 운다고 써 보낸다. 나의 친구인 그 교사는 슬픈 표정으로 머리를 저었다. "아이들은 예상했던 대로 불안정한 행동을 하지요. 아이들은 부모가 기대한 것들을 그대로 보여준답니다." 중요한 것은 우리가 이런 부모의 테이프를 교정할 수 있다는 것이다. 성인이 되어서도 우리의 사기를 꺾는 정보들을 재생시킬 수 있다. 물론 누구나 건전하고 자신을 북돋아 주는 정보를 지니기를 바랄 것이다. 인간의 마음은 정원과도 같다. 거기에 꽃들이 자라기를 바란다면 잡초를 뽑아주어야 한다. 우리는 우리 안에 도식화되어 자리잡은 정보들의 목록을 작성함으로써 이 과정을 제나름대로 시작한다. 이 정보들은 두 개의 범주로 나누어 볼 수 있다: 즉, 우리를 북돋아 주는 건전한 정보와 반대로 사기를 꺾는 불건전한 정보로. 우리는 또한 자신의 모든 특별한 재능과 개인적으로 입은 은총의 목록을 작성해야 한다. 곧 꽃들이 피어나기 시작함을 볼 수 있을 것이다. 우리는 자신의 개인적인 선과 부여받은 재능을 깨닫기 시작할 것이다. 서서히 아름다움이 지금껏 우리를 사로잡아왔던 추함을 대신하여 자리잡을 것이다.

주요한 깨달음:
나는 바로 기대되는 자로서의 나이다

우리가 어떤 종교를 선택하든지 다음이야말로 하느님과 우리의 창조물에 대한 틀림없는 진실이다: 이 세상에 태어나는 순간이 당신과 나의 이야기의 시작은 아니다. 영원으로부터 하느님께서는 당신과 나를 생각하시고 사랑하셨다. 히느님께서는 우리를 달리 만드셨을 수도 있었을 것이다. 하느님께서는 우리에게 다른 재능을 할당하고 일련의 다른 유전 인자를 주셨을 수도 있었을 것이다. 그러나 그랬다면 당신과 나는 실제로 지금의 우리는 아니었을 것이다. 그런데 하느님께서는 지금 있는 그대로의 우리처럼 당신은 당신 자신이 되기를 또 나는 나 자신이 되기를 원하셨다. 하느님께서는 여러 다른 모습으로 세상을 창조하셨을 수도 있었을 것이다. 그러나 하느님께서 바로 우리가 아는 이 세계를 선택하신 이유 가운데 하나는 우리가 현재의 우리 모습으로 존재하기 때문이다.

오랜 유대-그리스도교 전통에 의하면 하느님께서는 우리들 각자를 전달해야 할 특별한 메시지와 주어야 할 특별한 사랑의 행위를 지닌 사람으로 이 세상에 보내셨다. 당신의 메시지와 사랑의 행동은 오직 당신에게 맡겨지고 나의 것은 나에게 맡겨졌다. 이 메시지가 작은 마을에 사는 몇몇 사람들에게 혹은 그 마을 전 주민에게 전해질 것인지 아니면 이 세상의 모든 사람들에게 전해질 것인지는 전적으로 하느님의 선택에 달렸다. 단 한 가지 중요한 확신은 우리가 저마다 충분한 장비를 갖추고 있다는 사실이다. 당신은 당신의 메시지를 전달하기 위해 알맞은 재능을 지녔으며, 또한 나는 나의 메시지를 전달하기 위해 조심스레 선택된 재능을 지니고 있다.

하느님의 진리를 담은 특별한 조각이 여러분의 손 안에 놓여 있고 하느님께서는 그것을 나머지 사람들과 함께 나누도록 요구하셨다. 나에게 있어서도 마찬가지이다. 그리고 당신이 유일한 존재이듯이 당신의 진실은 당신 자신에게만 주어진다. 그밖의 누구도 당신의 진실을 세상에 말할 수 없으며 다른 사람들에게 당신의 사랑을 선사할 수 없다. 오직 당신만이 이 모든 요구에 직면해야 하고 행해야 할 것을 행한다. 오직 나만이 이 세계에 보내진 내가 이루어야 할 과업을 완수하기 위해 필요한 모든 것을 소유하고 있다.

나 자신을 당신과 비교한다는 것은 부질없고 어리석기조차 한 일이다. 우리는 저마다 독특한 존재이다. 어느 누구도 복사물이거나 무성적인 구속은 없다. 그러한 비교는 기쁜 자기 수용에 종말을 고한다. 손을 들여다보라. 손가락들은 길이가 다르다. 만일 길이가 같다면 야구 방망이를 제대로 잡을 수도 바느질을 할 수도 없을 것이다. 같은 이유로 어떤 이는 키가 크며, 또 어떤 이는 키가 작다. 누군가 이런 자질을 지녔다면 또 다른 사람은 저런 재능을 지녔다. 당신은 당신의 일을 하도록 창조되었다. 나는 나의 일을 하도록 만들어졌다. 당신은 내가 아니며 나는 당신이 아니다. 그리고 그것은 좋은 일, 아주 좋은 일이다. 우리는 서로의 다른 점을 받아들여야 할 뿐 아니라 축하해야 한다. 세상은 원형(original)들을 비장하고 있으며 우리들 저마다는 바로 하느님께서 만드신 하나의 원형이다.

자기 수용에 대한 생각의 발전을 위하여

대중 앞에서 연설한 경험이 많은 사람이면 누구나 청중들에게 제시된 생각들을 다소 발전시킬 것을 요구함이 몹시 중요하다는 사실을 알고 있다. 책에 대해서도 똑같은 말을 할 수 있다. 독자는 제시된 물음을 자기 것으로 만들기 위하여 무언가를 하도록 요구받는다. 우리를 휩쓸어가는 발설되거나 기록된 말들은 우리 안에 혹은 삶 안에 어떤 영속적인 것을 남겨두지 않는다. 그러나 우리가 시간을 내어 생각들을 더듬어가고 자신의 경험과 비교해 본다면, 마침내 그것들은 우리의 것이 되고 우리 삶의 한 부분이 된다. 이러한 일이 일어날 때 우리는 변화된다. 그래서 이 책에서 제시된 각 단계의 훈련 뒷부분에는 개인적인 발전을 위한 제안이 포함되어 있다. 행하는 것은 읽는 것보다 더한층 동기를 부여하고 삶을 변화시킬 것이다. 행위가 당신 내부에 새로운 열정을 불러일으킬 것이다. 나를 믿고 다음 사항들을 실천해 주기 바란다.

1. 기록장을 써 나간다.
  자신의 어떤 부분을 받아들이기가 가장 힘든지 적는다:
    1) 나의 몸
    2) 나의 지력
    3) 나의 실수
    4) 나의 느낌이나 감정
    5) 나의 성격
앉아서 곰곰히 생각하라. 자신의 내부 세계를 탐구해 보라. 자신에 관해 가장 받아들이기 어렵다고 생각되는 것과 그 까닭을 상세히 기록해 보라. 자기를 받아들이는 데 있어 바로 당신이 지닌 "문제"와 같은 문제를 가진 다른 누군가와 이야기해 보는 것이 어떤가?

2. 상상의 빈 의자에 앉아 있는 자신을 그려본다.
  조용히 혼자 앉아 보자. 편한 자세를 취하고 눈을 감는다. 깊이 숨을 들이마시고 긴장을 푼다. 숨을 충분히 내쉰다. 다음번 숨을 들이

마실 때 충분히 신선한 산소를 공급받을 수 있도록 폐 속의 공기를
비운다. 이런 식으로 호흡을 하면서 몸 안 근육의 전체 조직망을 그
려보도록 하라. 근육과 신경을 팽팽히 잡아당긴 고무줄로 여겨라.
그런 다음 그 근육과 신경들을 헐겁고 느슨하게 한다고 상상해 보
라. 서서히 평화와 고요 속으로 파묻혀감을 느끼도록 하라.

이제 당신 앞에 당신을 마주하여 10피트 가량 되는 빈 의자가 놓
여 있다고 상상하라. 의자를 샅샅이 관찰한다. 그것은 어떤 모습을
하고 있는가? 무슨 색깔인가? 편안해 보이는가? 커버는 씌워져 있는
가? 그리고 당신이 아주 잘 아는 사람, 예를 들면 함께 일하거나 학
교에 가는 친구라든지 가족 가운데 한 사람을 상상하라. 이 사람이
무대 옆에서 걸어나와 의자에 앉는다. 그가 당신을 어떻게 바라보는
지를 살펴보라. 그 혹은 그녀는 당신에게서 편안함을 느끼는가? 그
의 눈빛을 바라보고 있노라면 차츰 그 사람에 대한 "지각"의 반응을
깨닫게 될 것이다. 이 사람과 함께한 모든 경험, 그와 관계하여 가졌
던 느낌들, 그에 대한 당신의 모든 판단들 — 이 모든 것이 흘러들어
와 하나의 지각반응을 형성한다. 자신의 반응이 스스로에게 아주 분
명해진 뒤 그 사람에게 무언가 한 가지 할 말을 준비한다. 가장 하고
싶거나 묻고 싶은 말이 무엇인가? 그것을 조용히 말하도록 하라. 그
런 다음 그 사람이 일어나 자리를 떠나는 것을 지켜본다.

이제 당신이 역시 아주 잘 아는 두번째 사람이 와서 의자에 앉는
다. 당신은 이 사람이 당신을 바라보는 방식과 또 이 사람에 대한 당
신 자신의 지각반응을 깨닫게 된다. 그런데 이번에는 첫번째 사람에
대해 가졌던 반응과는 다르다는 것을 알게 된다. 이 사람에 대한 반
응이 분명해질 때 그에게 조용히 무언가를 말한다. 그러고는 그가
의자에서 일어나 떠나가는 것을 지켜본다.

무대 옆에서 나오는 세번째 사람은 당신 자신이다. 자신이 의자에
앉아 당신을 똑바로 들여다보고 있다고 상상하라. 상상 속에 자아의

표정을 살핀다. 서서히 그러나 확실히 자신에 대한 지각반응을 깨닫게 된다. 어느 만큼 참으로 자신을 좋아하거나 싫어하는지 그리고 그 이유는 무엇인지를 감지한다. 아마 당신은 자신 안에서 스스로를 바라보고 있는 것에 놀라움을 느끼면서 상상한 자아의 신체언어 속에서 혹은 얼굴 표정에서 나타나는 반응을 알아차리게 된다. 당신은 조용히 자신에게 말을 건다. 마음에 있는 것을 모두 털어놓도록 한다. 그런 다음 자신이 천천히 의자에서 일어나 떠나는 모습을 지켜본다.

이제 눈을 뜨도록 하라. 그리고 자신에 대한 반응을 적어둔다. 상상의 자아는 어떤 모습으로 당신을 들여다보았는가? 당신이 본 사람을 당신은 좋아하는가? 그런 사람을 친구로 선택하겠는가? 스스로를 못마땅하게 여겼는가? 아니면 자신을 보고 기뻐했는가? 당신이 상상한 자아는 지쳐 보였는가 아니면 활기에 차 있었는가? 자신의 외모를 좋아했는가? 자기 자신에게 무슨 말을 했는가? 중요한 것들을 기록해 둔다.

3. 두 개의 목록을 작성하라.

첫째 것은 자기 자산이나 축복받은 것으로 여기는 모든 것을 기록해 둔 목록이다: 특별한 자질, 신체적으로 물려받은 것, 능력, 소질, 재능 등. 물론 이러한 훈련은 계속해서 이루어져야 할 것이다. 시간이 흐를수록 당신 안에서 더욱더 많은 재능과 신의 축복을 발견할 것이다. 그러니 당신이 발견하는 것을 꾸준히 적어가도록 하라.

둘째 목록에는 당신을 가장 괴롭히는 개인적인 한계들과 못마땅한 점들을 기록한다. 이 두번째 목록은 일종의 집안 청소이다. 참된 자기 수용은 정직한 평가와 더불어 시작되어야 한다. 자신들의 한계들로 말미암아 의기소침해져서는 안 되며 그렇다고 그것들을 부정해서도 안 된다. 우리는 자신의 못마땅한 점을 찬양한다거나 신경증을 축하하지는 않는다. 참된 자기 수용은 자신에 대한 어떤 고통스런 진실을 받아들임을 의미한다. 우리는 모두 한계를 지닌 인간이다. 이런 사실을 직시하지 않는다면 꾸밈과 환상의 세계에 살고 있다고 할 수 있다. 우리가 자신의 한계를 받아들이고 직시하지 않는다면 미래의 발전과 성장의 방향을 분명히 볼 수 없을 것이다.

신뢰하는 절친한 친구와 함께 이 목록을 나누어 가지는 것도 도움이 될 것이다. 이 장점과 약점의 표를 만듦으로써 우리는 "남은 생의 첫날"을 기쁘게 시작하고자 한다. 그것은 참된 자부심의 시작, "유일한 존재로서의 당신과 나"를 일생 동안 기념하는 일이 될 것이다.

❖ 기억하라 ❖

우리들 각자는 하느님께서 만든 원형이다.
어느 곳에도 복사품은 없다.

훈 련 ②

자신의 삶에 대한 책임을
완전히 받아들여야 한다

삶의 여러 가지 상황에 대한 정서, 행동반응을 포함하여 모든 행동에서 책임을 완전히 받아들이는 것은 인간적인 성숙을 향해 가는 결정적인 단계가 된다. 그러나 우리는 예나 지금이나 사람 혹은 사물에 대해 비난하는 경향을 저버리지 않았다. 우리 가운데 많은 이들이 "탓하는 자"가 되어 결코 받아들여질 수 없는 자신의 행동을 변호한다. "당신이 그렇게 되도록 했지요", "당신도 내게 똑같은 일을 했어요", "나는 그저 당신이 쓴맛을 좀 보도록 하고 있지요". 우리는 적절한 자원이 없었다는 이유로 자신의 실패를 변명하기를 배웠으며 심지어 "우리의 별이 제대로 자리잡지 못했다"거나 "달이 제 위치에 있지 않았다"고 호소했다. 이런 경향을 지닌 사람들은 현실과 접촉을 가지지 않는다. 이것은 중요하고도 슬픈 사실이다. 그 결과 그들은 자신에 대해 알 수가 없으며 더욱더 성숙할 수는 없다. 그들은 성장하지 않는다. 탓함이 끝나는 곳에서 성장이 시작된다는 것이 삶의 진실이다. 이런 탓함의 경향에 대항하게 될 때 우리는 삶의 책임을 완전히 받아들이고 탓하는 자가 아니라 스스로 주인이 된다. 주인은 그들의 내부에 존재하는 무엇이 삶에 대한 그들의 정서, 행동반응을 설명한다는 사실을 안다. 이것은 명백히 인간적인 성숙을 향한 결정적인 단계가 된다. 책임이야말로 우리가 성장하리라는 것을 보증해 준다.

무엇이 "완전한 책임"인가?

우리는 객관적 경험으로부터 완전히 자유롭지 못하다는 것을 안다. 그래서 우리의 반응이 자제력의 통제를 완전히 벗어날 때가 있다. 수도꼭지로 조절할 수 있는 것처럼 감정을 틀거나 잠글 수는 없다. 또한 바라는 모습 그대로의 자신이 되고 바라는 바를 행하며, 말하고자 하는 것들만 말할 수는 없다. 때로 우리는 습관의 노예가 된다. 그것들은 깨뜨릴 수 없는 듯이 보인다. 우리의 어제가 무겁게 오늘 위에 드리워져 있으며 오늘 또한 내일 위에 드리울 것이다. 우리는 웃어야 한다고 알면서 운다. 건강에 좋지 않음을 알면서도 과식하거나 과음한다. 솔직히 털어놓아야 할 때 토라진 채로 있다. 그렇다면 "완전한 책임"을 받아들이는 데 있어 이것들은 무엇을 의미하는가?

당연한 사실로서 우리는 완전히 자유롭지 못하다. 우리 모두가 유아기부터 어린시절을 거쳐오며 도식화의 과정을 겪었다. 그리고 오랫동안 충실하게 습관을 익혔다. 습관은 또한 우리가 선택할 자유를 감소시킨다. 가끔 오랜 인간적 타성이 우리를 통제할 때도 있다. 우리는 성 바울로의 다음의 말을 받아들이지 않을 수 없다. "나는 내가 행하고자 하는 선은 행하지 않고 해서는 안되겠다는 악을 행하고 있습니다. 내 마음 속에는 다른 법이 있어 싸움을 벌이고 있습니다."

분명히 완전한 책임이 완전한 자유를 내포하지는 않는다. 이러한 맥락에서 완전한 책임이 의미하는 바는 이것이다. 삶의 다양한 자극과 상황에 대하여 나의 행동과 반응을 결정짓는 **나 안의 무엇**이 존재한다. 그것은 아마도 나의 유전 인자와 도식화와 습관의 힘이 초래한 결과일 것이다. 그것은 **나 안의 무엇**이다. 나는 그것에 대해 완전한 책임을 진다. 나 안의 무엇으로 인하여 나는 지금 내가 행하는 것을 행하고, 지금 말하는 것을 말한다. 다른 사람들이나 상황은 내가 **반응을 하도록 자극**할 수도 있지만 **그 반응의 성격**은 나 안의 무엇에 의해 결정되는 것이다.

먼저 **나의 모든 행위에 대한 완전한 책임**의 의미를 살펴보도록 하자. 내가 좋아하는 예 가운데 하나는 고(故) 해리스(Sydney Harris)의 잘 알려진 이야기이다. 친구와 함께 신문 판매대로 걸어간 해리스는 신문을 팔고 있는 사나이가 눈에 띄게 시무룩하고 심술궂은 것을 보았다. 그런데도 그의 친구는 한결같이 친절하고 공손히 대했다. 친구와 같이 걸어가며 해리스는 물었다. "저 작자는 늘 저렇게 야비하게 구는가?" "유감스럽지만, 그렇다네" 하고 친구가 대답했다. 해리스는 다그쳤다. "그런데도 자네는 항상 그에게 상냥하게 대해 주나?" "물론이고말고"라고 친구는 대답했다. 그래서 해리스는 처음부터 몹시 궁금하게 여겼던 질문을 했다. "왜?"냐고.

친구는 마침내 설명해 주었다. "왜냐하면 나는 그 사람이나 다른 어느 누구도 내가 어떻게 행동할 것인지 결정짓기를 바라지 않네. **내가 어떻게 행동할 것인지는 내가 결정할 일이지.** 나는 **행위자**이지 **반응자**가 아니란 말일세." 해리스는 걸어가며 혼자말로 중얼거렸다. "이건 삶에 있어서 가장 중요한 깨달음과 과업의 하나로군. 반응자가 아니라 행위자가 된다는 것."

완전한 책임과 교류 분석

번(Eric Berne)과 해리스(Thomas Harris)는 교류 분석 (Transactional Analysis)을 창안해 내고 널리 보급한 두 정신과 의사이다. 그들은 시드니 해리스의 친구가 의미한 것과 똑같은 것을 — 아마도 더욱 상세히 — 말한다. 교류 분석에 의하면 우리 모두의 내부에는 세 구성 요소, 즉 **부모**(parent) · **성인**(adult) · **아이** (child)가 존재한다. 내부에 존재하는 **부모**는 어린시절에 우리 안에 기록된 모든 메시지와 도식과의 집적이다. 우리 내부의 **성인**은 자신의 정신과 의지로써 자기 자신을 위하여 생각하고 선택하는 것을 가능케 해준다. 우리 안의 **아이**는 모든 정서적·감정적인 반응의 창고이다. 교류 분석의들은 생후 5년에 이르기까지 강렬하게 경험된 감정들이 그후의 삶에 강한 영향을 미친다고 주장한다.

교류 분석 이론은 다른 사람들과 우리의 관계를 교류할 수 있고 **부모·성인·아이**가 통제되어 왔는지 아닌지를 말할 수 있다. 또 이 이론은 인간의 성숙은 **성인**이 자신의 모든 결정을 떠맡게 함으로써 달성될 수 있다고 말한다. 우리는 부모의 테이프를 듣고 수정하여 완전히 자유롭게 자신의 느낌을 가져야 한다. 그것들이 결정을 하게 내버려 두어서는 안 된다. 부모의 테이프 도식이나 자신의 느낌들이 어떻게 행동할지를 **결정**짓게 해서는 안 된다. 우리는 자신의 힘으로 생각하고 성숙한 방식으로 행동하도록 선택해야 한다.

그런데 완전히 책임을 받아들임은 내가 전적으로 자유롭다는 사실을 의미하지는 않는다. 그것은 또한 나 안의 **성인**에 의하여 완전무결하게 통제됨을 뜻하지도 않는다. 그것은 바로 **나 안의 무엇**이 나의 모든 행동과 반응을 결정하고 통제한다는 것을 내가 정직하게 인정함을 의미한다. 이 나 안의 무엇은 나의 정신에 힘을 행사하는 나의 부모의 도식화일 수 있다. 그리고 적어도 부분적이나마 나의 자유를 앗아가는 감정의 폭발일 수도 있다. 내가 행위자가 아닌 반응자일 때 나 안의 무엇이 나의 반응을 결정짓는다.

우리는 자신의 내부에서 **부모**나 **아이**가 큰 힘을 발휘했던 시기를 기억할 수 있다. 그뒤 우리는 우리 안의 **성인**이라면 달리 행동할 수 있었다는 것을 알았다. 거리낌없이 말해야 했을 때 부모의 메시지가 침묵하게끔 내버려 둔 적도 있을 것이다. 사과해야 했을 때 유치하게 사과하기를 거부했다. 우리 안의 **성인**이었다면 거리낌없이 말하고 사과했을 것이다. 우리는 차이를 깨닫는다. 나의 **성인**이 책임을 떠맡고 있을 때 나는 독립적으로 사고하며 합리적으로 결정을 내린다. 그리고 자신의 내부로부터 실마리를 취한다. 내가 어떻게 행동할 것인지를 다른 사람들이 결정하도록 내버려 두지 않을 것이다. 어떤 경우에도 나는 나 안에 존재하는 **부모·성인·아이**를 깨닫고 완전히 책임을 져야 한다. 내가 **부모**나 **아이**로 하여금 자신이 어떻게 행동할 것인지를 결정짓도록 할 때 나는 나 안의 무엇에 의해 조종된다. 그것은 나의 책임이다.

완전한 책임과 우리의 감정

이제 우리는 한층 어려운 문제를 논의하려고 한다. 즉, **우리의 감정과 느낌에 대한 완전한 책임**이다. 많은 사람들은 자신의 느낌에 대하여는 책임이 없다는 터무니없는 이야기에 익숙해져 왔다. 유아 혹은 아이라면 이것은 사실일 수도 있다. 이들은 자신의 메시지와 감정을 두루 가려내는 성인을 내부에 가지지 못하기 때문이다. 어떤 의미에서 이들은 주변의 더 나이 많은 사람들의 손에 맡겨져 있는 것이다. 그러나 성인인 우리에게 그것은 진실일 수 없다. 우리 안에서 감정이 저절로 순식간에 솟구칠지도 모른다. 그러나 책임을 진 성인으로서 우리는 그것들을 완전히 자유롭게 경험할 수 있으며 그것들을 어떻게 건설적이며 성숙하게 표현할 수 있을지를 결정해야 한다. 그후 아마도 반성적인 순간에 우리는 저절로 솟아난 느낌의 근원을 추적해 볼 수 있다. 왜 나는 그런 식으로 반응했던 것일까?

정의에 따르면 **감정**이란 넘쳐 흘러 **육체적 반응**을 끌어내는 하나의 **인식**이다. 감정은 하나의 인식이며 그 인식에 대한 잇따른 육체적인 반응이므로 만일 우리가 정신과 육체를 가지지 않았다면 감정 역시 가질 수 없다. 예를 들어 만일 내가 당신을 벗으로 인식하고 있다면 육체적으로 나는 당신에게 편안하고 평화로운 반응을 하게 될 것이다. 당신을 보고 나는 감정적으로 기쁨을 느낀다. 그러나 당신을 적으로 간주한다면 나의 육체적인 반응은 싸움이나 도주가 될 것이다. 근육은 팽팽해지고 심장의 고동이 가속화될 것이며 당신과 당신이 내게 행하거나 말하려고 의도하는 것을 두려워할 것이다.

나는 이런 감정적 반응들을 자유롭게 통제하지 못하며 그것이 **나 안의 무엇**에 의해 야기되었음을 안다: 그것은 당신에 대한 나의 인식이다. 이런 인식은 옳을 수도 그를 수도 있다. 그것은 다른 경험에 의해 채색될 것이지만 분명히 나 안에서 감정의 반응을 지시한다.

이것은 교실의 상황에서 쉽게 증명된다. 나는 종종 다음과 같은 경우를 학생들에게 제시한다: "여러분 가운데 한 명이 화가 나서 이 교실을 나가 버렸다고 상상해 보시오. 그는 나와 나의 교수 능력에 대해 불쾌감을 표시하고 있소. 내가 어떻게 느끼리라 생각되오?" 흔히 학생들은 재빨리 의견을 내놓는다: "교수님은 화가 나시겠지요. 그래서 그 학생에게 그의 이름과 학번을 알고 있음을 일깨워 주시겠지요." 어떤 학생은 또 다른 의견을 가진다: "아니, 교수님은 마음이 아프실 겁니다. 좋은 스승이 되기 위해 애쓰고 있다고 스스로 생각하시기 때문에 그 모든 노력에도 불구하고 그런 반응을 받게 된 걸 슬프게 여기시겠지요?" 다른 학생이 의견을 말한다: "아니오, 교수님은 죄책감을 느끼실 겁니다. 그래서 그 학생에게 되돌아와 자신에게 재차 기회를 달라고 요구할지도 모릅니다. 어쩌면 사과를 하게 될지도 모르겠군요." 거의 언제나 어떤 학생은 온정어린 대답을 내놓는다. "교수님은 그 녀석에 대해 유감으로 여기실 겁니다. 틀림없이 무언가 그에게 긴장을 주는 다른 일이 있다고 믿으실 테지요."

이 토론을 끝맺기까지 나는 그런 상황에서 내가 취할 수 있는 감정적인 반응에 대해 열 개 남짓의 추측들을 끌어낸다(나는 몰래 학생들 대부분은 자신들이 어떻게 느낄지 상상해 보고 있지는 않나 생각한다). 어쨌거나 나는 제시된 것들 가운데 당연히 어떤 식으로든

반응하게 될 것이다. 그러고는 강조하여 덧붙인다. "여러분, 나는 참으로 다양한 방식으로 반응할 수 있을 것이며 실제로 어떤 반응을 보일지는 나도 확신할 수 없습니다. 그러나 나의 감정적인 반응은 나 안의 무엇에 의해 초래된 것이지 밖으로 걸어나간 학생이 끌어낸 것이 아니라는 사실만은 분명합니다. 그 학생은 단지 **반응**을 하도록 자극할 수 있을 뿐이며 나 안의 무엇이 내가 행하게 될 **정확한 감정적 반응**을 결정지을 것입니다. 내가 자신에 대해 무엇을 생각하는지, 스승으로서 자신을 어떻게 여기는지 그리고 내가 제기하는 문제에 대해 스스로 부과한 중요성 등 — 나 안의 이 모든 것들이 나의 정확한 감정적인 반응을 결정할 것입니다. 나는 이에 대해 완전한 책임을 받아들여야 합니다. 그리고 이것이야말로 내 감정에 대해 완전한 책임을 받아들임을 뜻하는 바입니다."

나의 감정적인 반응들은 훌륭하다. 다른 이들은 자기 파괴적으로 가는 경향이 있다. 어떤 주어진 상황에서 내가 자신의 감정적인 반응들을 반성해 볼 때, 나는 그것이 애초에 시작된 인식의 지점으로까지 거슬러올라간다. 그리고 그 인식에 대해 묻고 확대하거나 바꾸어 놓을 수 있다. 어쩌면 나는 다른 시각을 가지게 될 것이다. 당신이 호의를 가지고 한 행동을 나는 내 속의 열등감 때문에 나쁜 의도가 숨은 것은 아닌가 하고 받아들였을지도 모른다. 그래서 호의를 받아들이는 대신 자신을 기만하여 은폐하려고 할지도 모른다. 나는 이 사실을 안다: 만일 내가 자신이 인식한 것을 묻고 변화시킨다면 나의 감정적인 반응 또한 변할 것이다.

주인과 탓하는 자

우리의 행동 정서 반응들을 설명하면서 나는 우리에게 단지 두 가지의 참된 선택이 주어진다고 가정한다. 우리는 누군가 혹은 무엇인가에 대한 반응들의 "주인"이 되거나 아니면 "탓하는 자"(blamer)가 된다. 그러나 이것이 아무런 결과도 초래하지 않는 단순한 선택에 불과한 것은 아니다. 나는 정직을 통해 성숙으로 나아갈 수 있으나 만약 변명을 구한다면 현실과 직면할 수 있는 기회는 영영 사라진다. 내가 반응의 주인이 되고 감정과 행동에 책임을 진다면 나는 나 자신에 대해 알게 될 것이다. 나는 성장할 것이다. 그러나 책임을 다른 사람들이나 상황에 돌림으로써 나의 행동과 느낌들을 설명하려한다면 자신을 아는 데 이르지 못할 것이다. 내가 나의 책임을 인정하기를 거부하는 한 이것은 자신의 인격적 성장을 가로막게 될 것이다. 명심하라. **성장은 탓함이 끝나는 곳에서 시작된다.**

같은 사람과 상황에 대하여 사람들이 얼마나 다르게 반응하는가를 주시하라. 밉살스럽고 불쾌한 어떤 사람의 경우를 들어 보자. 우리는 이 사람에 대하여 분노를 느낄지도 모르지만 다른 이는 그저 동정심을 느낄 뿐임을 발견하게 된다. 이 모두는 한 개인의 인식 여하에 달렸다. 분명히 내가 그 사람에게서 고의적인 악의를 감지한다면 내가 그에게 분노나 분개 등의 감정적인 반응을 하게 되는 것은 당연하다. 혹은 냉소적인 반응을 보일지도 모른다. 그러나 그 밉살스런 사람이 상처받고 불우한 사람임을 안다면 동정적인 반응을 보이게 될 것이다.

인식과 태도 — 훈련되거나 습관화된 인식 — 를 수정하면서 우리는 또한 감정적인 반응들을 수정할 수 있다. 하나의 인식이 항상 모든 감정의 중심에 있다는 것을 기억함이 중요하다. 감정의 성격과 강도를 결정짓는 것은 바로 인식이다. 대부분의 우리들이 지닌 많은 감정들이 건강하고 행복하다는 것은 아마도 진실일 것이다. 그러나 만일 감정의 양상이 자기 파괴적이고 사회적으로 소외되어 있다면 삶의 각본을 써가고 있는 인식과 태도를 다시 살펴보아야 한다. 이렇게 하는 것이 확실한 "완전한 책임"의 일부이다.

완전히 책임을 짐으로써
참으로 우리는 행복해질 수 있는가?

이것은 분명한 대답을 줄 수는 없을지라도 좋은 질문이다. 나의 답변은 "어떤 반응이 자동적이거나 즉각적이지 않도록 하라"는 것이다. 진리가 우리를 자유롭게 하리라는 말을 들었을 것이다. 그러나 우선 그것은 당신을 좀 비참하게 만들지도 모른다. 불행히도 어제가 오늘 위에 무겁게 드리워 있는 것이다. 습관이 깊이 스며들어 있어 "핸들을 급히 조정하는" 것처럼 반응의 자유를 일시적 혹은 부분적으로 제한할 수 있다. "나는 성미가 급하지요"라든가 "나는 피가 뜨거워요"라고 말함은 단지 탓하는 행동이다. 그것은 참으로 성미나 피의 문제가 아니라 습관의 문제이다. 우리의 과거의 반응들은 대부분 다른 사람들한테서 배운 것이다. 근심하는 이가 근심하는 이를 낳는다. 가족 구성원들이 모두 성미가 급할 수 있다. 그러나 이러한 반응들을 계속 반복하게 되면 우리 내부에 습관이라는 깊은 자국으로 남게 되어 마침내 단추를 누르기만 하면 튀어나오는 자동적인 반응이 되어버린다. 당신은 이 단추를 누르고 반응을 얻을 것이다. 습관의 노예가 되는 것이다. 우리는 "길들여진 짐승"이고 습관은 뛰어넘어야 하는 "고리"이다. 예를 들어 우리는 너무나 화가 나서 주어진 상황에 계속 형편없이 반응할 수도 있다. 그러나 만일 이것이 습관이 되도록 내버려 둔다면, 인격적인 성장의 한 지점에서 주저앉게 된다. 이런 일이 일어날 때 우리는 자연히 자신이 한 반응에 대하여 다른 사람이나 상황을 탓하게 될 것이다. 일단 이런 악순환에 걸리면 고통 속에 갇히게 되고 만다. 그래서 우리는 거기에 머물고 만다.

그러나 만일 우리가 완전한 책임을 떠맡는다면 바로 그때 자유롭게 자신의 반응을 깨닫고 수정할 것이다. 그리고 이것이야말로 평화와 행복에 이르는 길이 된다. 세상을 내게 맞추어 변화시킬 수는 없지만 세상에 대한 나의 반응을 바꿀 수는 있다. 나는 나를 변화시킬 수 있다. **행복은 내면의 일이다.**

주인, 탓하는 자 그리고 자아 인식

고대의 속담은 자신을 아는 것이 최고의 지혜라고 가르친다. 그러나 만일 나의 행동이나 느낌에 대하여 다른 사람이나 사물을 탓한다면 불행히도 자신에 대하여 아무것도 배우지 못할 것이다. 불행을 **탓하는 자**는 끊임없이 책임을 다른 사람, 다른 장소, 다른 사물에 돌린다: "당신이 내 화를 돋구었어요", "여긴 정말 지루해요", "시험으로 당황했지요", "그와 함께 있으면 난 하찮은 존재로 느껴져". 이 가련한 탓하는 이는 끊임없이 가정된 사실을 늘어놓는다. 이것은 투사라고 불리는 전형적인 자기 방어 기재이다. 일단 투사를 시작하게 되면 탓하는 자는 현실과 마주할 수 없다. 성자가 될 수 있는 가능성을 박탈당하는 것이다. 그리고 주인이 될 때까지 그는 그가 될 수도 있는 모든 놀라운 가능성을 상실한다.

주인은 단지 이런 유익한 질문을 한다: "나 안에 무엇이 있지?", "왜 나는 그렇게 하기로 택하고 또 그런 식으로 느끼는 걸까?" 주인은 결코 변명을 늘어놓거나 분명한 자신의 잘못을 다른 이에게 전가하여 얼버무리려 하지 않는다는 사실을 **눈여겨보라.** 주인 역시 다른 사람의 행동이 유감스럽다든지 나아가 파괴적이라고 생각하는 것이 당연하다. 그러나 주인은 단지 자기 자신만을 변화시킬 수 있음을 안다. 잘못된 상대방을 도우려 할 수도 있지만 그보다는 자신의 반응에 더욱 관심을 가진다. 차가 진로 방해를 받았을 때 그들은 이렇게 묻는다: "다른 차가 앞을 가로막았을 때 왜 나는 그처럼 경적을 요란스럽게 울려댔을까? 왜 그토록 화가 나서 다음 신호등에 멈추어 그 차 운전자에게 몹쓸 표정을 지어 보인 걸까? 어떤 깨달음, 태도 혹은 습관이 내게서 그런 반응을 끌어낸 것일까? 그를 건방지고 위험스럽다고 간주하기라도 한 것인가? 어쩌면 그는 병원에 있는 아픈 아이를 보러 가기 위하여 서두르고 있었는지도 모르지 않는가? 혹은 설사 자기 자신만을 위해 그렇게 서둘렀다 해도 그를 이해해 줄 수도 있지 않은가?"만일 이런 질문들을 자신에게 한다면 분명 자신에 대하여 더 많은 것을 알게 될 것이다.

물론 내가 바란다고 언제나 주인이 될 수 있는 것은 아니다. 다른 이들과 마찬가지로 나 또한 탓하거나 자신의 책임을 남에게 돌린다. 그러면 여기서 잠시 주인이 됨으로써 나 자신에 대하여 배우게 되었던 실제의 경험에 대해 이야기해 보겠다.

어느 날 수업을 마치고 학생 두 명이 내게 장난스럽게 물었다. "자신도 모르게 엉터리 작가가 될 수도 있다면서요?" 이 말을 듣고 나는 화가 치밀어오름을 느꼈지만 냉정을 잃지는 않았다. 나는 나 자신을 억제했다. 그리고 외과 의사의 손에 들린 메스의 정확함으로 물었다. "그럴 수도 있지, 그런데 **엉터리**란 무얼 뜻하는가?" 그러자 그들은 자신들의 말을 취소하며 사과하려 했다. 그러나 나는 냉혹하게 따지고 들었다. "자네들이 한 말을 들었네. 단지 **엉터리**란 말이 무얼 의미하는지 궁금하네." 마침내 나는 그들에게서 내가 기대하던 대답을 끌어내었다. "그건 교수님이 가르치시는 것과는 달리 행동하실 수도 있다는 것을 뜻합니다."

겸손한 태도로 나는 즉시 죄를 자인했다. "아, 그 경우라면 난 엉터리이지. 난 너무 높은 이상을 가지고 있으니 말일세." 덧붙여 나는 "또 다른 법이 나 안에 있어 싸움을 벌이고 있다"는 성 바울로의 말을 인용했다(이렇게 하고 있던 내 모습을 생각하면 웃음이 나온다). 그런 다음 나는 그들에게 최후의 일격을 가했다. 샤일록이 자신의 몫인 살덩이를 노려보고 있는 것이다. "친구들, **엉터리**라는 말엔 또 다른 의미가 있네. 그건 내가 잘못된 사실을 가르친다는 것이지. 이 점에서 나는 무죄하네. 나는 내가 가르치는 바를 믿지. 내가 바라는 만큼 훌륭히 실천할 수는 없지만." 우리는 잠시 불편하게 서 있다가 제각기 발걸음을 돌렸다.

나 안의 탓하는 이가 머리를 들 때면 그는 자기가 학생들에게 자신의 삶을 어떻게 내주었는지를 떠올린다. 그리고 어떻게 그들이 그의 선물을 받고 그렇게 배은망덕할 수 있었는지 의아해한다. 그는 어쩌면 이 두 "구제할 길 없는 젊은 녀석들"과의 경험에 대하여 누군가에게 화가 나서 외칠지도 모른다. 그때문에 더 많은 위액이 분비되고 혈압이 높아질 수도 있다. 그는 씻을 수 없는 상처를 더욱 깊이 파고들어갈 것이다. 나는 흔히 이런 유혹을 받았다고 생각한다.

다행스럽게도 이 경우 나는 오랫동안 탓하는 자로 남아 있지는 않았다. 나는 재빨리 주인이 되었다. 방에 혼자 앉아 "난 왜 그렇게 화가 났을까?" 하고 생각했다. 나는 분노의 껍질을 벗겨내고 내면을 봄으로써 깨달음에 이른다. 이십 분 가량 자아 성찰을 하고 난 다음에는 모든 것이 분명해지기 마련이다. 어떤 의미에서 내가 엉터리였기 때문에 화를 내던 것이다. 어떤 말을 해놓고는 그후에 정말 그런 의미로 말할 생각이었는지 의심한 적이 여러번 있음을 나는 떠올렸다. 언젠가는 죽음에 대하여 한바탕 설교를 늘어놓았던 것을 떠올렸다. "우리가 두려워할 것이 무엇인가? 죽음아, 네 승리는 어디 갔느냐? 죽음아, 네 독침은 어디 있느냐?" 이 굉장한 설교를 행하는 도중에 갑작스레 나는 가슴 한가운데서 찌르는 듯한 통증을 느꼈다. 위가 조여드는 것 같았다. 두려움이 등골을 타고 내렸다. 공포가 마음 속 깊은 곳에서 외치고 있었다. "심장마비일 거야"라고. 그러나 입으로는 여전히 평화로운 설교가 계속 흘러나오고 있었다.

물론 이 고통은 금세 지나갔다. 그리고 후에 보는 이가 아무도 없을 때 나는 웃음지으며 혼자 생각했다: "아하, 내 위와 입은 단지

16인치 떨어져 있는데 그 둘은 전혀 상관이 없단 말이야." 또 웃으며 생각했다: "훌륭한 설교를 한 다음에는 자신과 더불어 사는 것이 한층 어려워지거든."

이밖에도 나는 많은 비슷한 기억들을 끄집어 낼 수 있다. 그런데 그것들이 주는 공통된 점은 이것이었다: 나는 왜 화가 났는지를 알았다. 학생들은 나의 노출된 신경에 걸려 넘어졌던 것이다. 나는 파멸이다. 나의 일부는 내가 말하는 바를 믿지만 일부는 의심한다. 후에 그들이 괜찮다고 거절하려 했음에도 불구하고 나는 이 두 젊은이에게 내가 왜 그처럼 화가 났었는지 그리고 나 자신에 대하여 무엇을 알게 되었는지 사과하며 설명해 주었다. 그러고 나서 그들의 말에 동의했다. "좋군, 그렇지 않은가?"

탓함은 알코올 중독과 같다

최근 십 년 동안 다른 민간 단체보다 금주 단체에서야말로 인간에 대해 많은 것을 배우게 되었다고 생각한다. 나 자신은 알코올 중독자가 아니기 때문에 이에 대하여 공짜 영화 관람을 하는 데 성공한 아이처럼 행운아라고 느끼고 있다. 입장료를 지불하지 않고 쇼를 보게 된 것이다. 이 모임에서 나는 술이나 약물에 의존하는 사람들은 결코 성숙할 수 없다는 한 가지 사실을 알게 되었다. "현실과 접촉을 가지는 것"이야말로 성장하기 위해서는 필수불가결한 조건이기 때문이다. 술이나 약물이 사람들을 현실에서 분리시킬 때, 그들에겐 더이상 "있는 그대로 말하거나 보는 것"이 불가능하다. 인간적인 성숙이란 점에서 그들은 손이 묶여 있다. 내가 있는 대학의 한 학생은 5,6년 동안 폭음을 했는데 마침내 맑은 정신을 찾게 되어 자주 이렇게 말하곤 했다: "나에겐 청소년 시절이 없었다는 사실을 기억하세요." 알코올 중독의 몽롱한 상태에서 5,6년을 보낸 뒤 다시 성장하기 위하여 이 젊은이는 그 기간의 처음으로 돌아가야 했다.

이것은 탓하는 이에 대하여도 똑같이 적용된다. 자신의 삶과 반응을 받아들이지 않는 것은 그와 현실 사이를 가로막는 장벽이 된다. 그것은 투사와 합리화라는 장벽이다. 그것은 자아 방어의 연막이며 자기 기만은 탈출구가 된다. 알코올 중독 환자처럼 탓하는 이는 성장하지 못한다. 알코올 중독 환자들은 안개에 가려진 자기만의 세상을 만든다. 그들은 "마비된 상태"에서만 평화를 느낀다. 탓하는 이들이 만드는 세상 역시 진실이 왜곡되어 있는 세상이다. 그들은 삶의 책임과 행복을 다른 사람들에게 전가함으로써 평화를 구한다.

이것은 모든 사람들에게 적용되는가?

완전한 책임에 대하여 지금까지 말해 온 바는 모든 사람들에게 적용되는데 점진적인 형태에서 그러하다. 유아시절 혹은 아이 때는 부드러운 밀랍과 같아 쉽사리 흔적을 지니게 된다. 공테이프인 기억은 이 시기에 가득 채워지게 된다. 우리의 인식과 정서적인 반응들은 대부분 어른들의 영향으로부터 그리고 마침내는 그 영향들을 해석함으로써 습득되었다.

이와 더불어 우리는 어린아이들에게 차츰 그들 스스로 생각하고 선택할 자유가 주어져야 함을 안다. 마찬가지로 우리는 우리의 삶과 행복에 대해 완전히 책임지기 위하여 조금씩 배워야 한다. 그것은 인간 성장 과정과 발전 과업의 중요한 일부이다. 스물한 살이 될 때까지 부모가 모든 결정을 계속 떠맡게 된다면 스물한 살의 미성숙한 인간이라는 심각한 결과를 낳는다는 것을 안다. 우리는 또한 아이들이 그들의 삶에 대한 책임을 다른 사람에게 미루는 것을 배운다면 어떻게 될지 안다. 그들은 삶을 끝마칠 때까지 어린애로 남게 될 것이다.

이렇게 볼 때 완전한 책임이란 어른으로서 가지는 책임이다. 그러나 그것은 어린시절부터 배워야 하며 나이를 먹어감에 따라 조금씩 더 떠맡게 되는 것이어야 한다. 이것을 거부할 때 벌로써 어린시절에 영원히 감금된 채로 남게 된다.

나는 내가 가르치는 바를 실천하고자 노력한다. 때로는 성공하고 때로는 실패하기도 한다. 어쨌든 나는 나의 삶과 행복에 대하여 완전히 책임지기 위해 애쓴다. 앞서 매일 아침 내가 보고 읽는 글귀를 언급했다.

너는 너의 행복에 책임이 있는 이의
얼굴을 보고 있다.

삶은 하나의 과정이다. 우리는 모두 완전한 삶을 향한 여정에 있다. 그리고 그 여행을 즐겁게 해야 한다. 삶을 걸어가는 데 필요한 두 다리는 다음에 요약된 두 훈련임을 나는 확신한다: ① 기쁘게 자신을 받아들임 — 자신의 독특성에 대한 깨달음, 그리고 ② 삶의 일상과 실책에 대하여 기꺼이 완전한 책임을 떠맡는 것.

완전한 책임에 대한 사고의 발전을 위하여

1. 사과 편지를 쓰라.

당신이 "탓해 온" 모든 이들에게 편지를 쓰라(한 번의 편지에 모든 생각을 담아서). 대상은 특정한 사람들이 될 뿐만 아니라 그룹, 상황 혹은 물건이 될 수도 있다. 그들을 당신의 희생양으로 만든 것에 대해 사과하라. 그들에게 책임을 돌린 것이 큰 실수였음을 고백하라. 그리고 앞으로는 주인이 되기로 다짐한다. 기억해야 할 점은, 이것이 상대방에게는 잘못이나 흠이 없다는 것을 의미하지는 않는다는 것이다. 좀처럼 다루기 힘든 상황이 있다는 사실을 부인하는 것도 아니다. 그러나 상대방이 잘못했고 다루기 어려운 상황이라 할지라도 여전히 자신의 반응에 대하여 자신에게 책임이 있음을 의미한다. 또 우리 안의 무엇이 우리의 반응을 결정한다는 것을 인정해야 한다. 우리의 반응이 바람직하지 못할 때 이 "우리 안의 무엇"을 발견하고 그것을 다스려야 한다. 우리의 **성인**이 삶을 주관해야 한다.

2. 목록을 만들라.

이 목록에는 당신의 삶 속으로 다시 침입해 들어올 수 있는 참기 어려운 사람, 상황, 사물들이 포함된다. 긍정적인 상상의 기술을 사용하여 가능한 한 생생하게 머리 속에 일상의 시나리오를 그려보라. 이 "훈련 과정"에서 당신이 되고자 원하는 사람으로서 반응하도록 노력하라. 그리고 자신이 탓하는 자가 아닌 주인으로서 반응하고 있음을 보고 들으라. 당신의 **부모·아이**가 아니라 **성인**이 모든 반응들을 주관한다. 이런 훈련들이 몇 차례 성공적으로 반복된다면 실제 상황이 닥쳤을 때 "훈련한 것과 똑같이" 반응할 수 있을 것이다. 실제로 당신은 상상의 단계에서 훈련했던 완전히 책임을 지는 사람이 될 것이다.

3. 기억하고, 기록하라.

완전히 책임을 지는 모범이 될 만한 사람은 누구인가? 뛰어나게 자기 책임을 다하는 사람들을 떠올려 보라. 그들이 관계 속에서 책임을 받아들일 때 그것은 어떤 식으로 드러나는가? 이것들을 글로 기록해 보라.

❖ 기억하라 ❖

성장은 탓함이 끝나는 곳에서 시작된다.

휴식 · 운동 · 영양의 욕구들을
충족시키기에 애써야 한다

인간은 근거있는 천사도 혹은 육체라는 감옥의 덫에 갇힌 순수한 영혼도 아니다. 또한 단지 물질적인 존재만도 아니다 — 1달러 50센트의 가치가 있는 매우 유기적인 화학 제품. 인간은 단지 그렇게 간단하지만은 않다. 사실인즉 우리는 세 개의 서로 연결된 부분을 지니고 있는 장엄한 하나의 단일체이다: 육체, 정신 그리고 영혼. 이러한 사실이 가끔씩 혼란을 일으킬 수 있다. 우리는 분리하고 정복하고 싶어한다. 우리는 이 너무 큰 인간이 신비를 복잡하게 하지 않기를 원한다. 그래서 각 부분들의 이러한 상호 관련성을 좋아하지 않는다. 물질적인 육체가 어떻게 생각하고 무엇을 선택할 것인가에 영향을 미칠 수 있다고 마지못해 인정한다. 마찬가지로 정신과 영혼이 빈약한 육체에 관해서 그들이 원하는 바를 협의 사항 내에서 간신히 성취할 수 있다는 것을 마지못해 인정한다. 우리는 이러한 종류의 단일성과 상호 연결성을 부인하고 싶어한다.

그럼에도 불구하고 그것은 사실이다: 뒤틀린 정신과 가난한 영혼은 육체적으로 병들게 할 수 있다. 사람들은 걱정거리 혹은 정신적 큰 타격이 가벼운 두통을 일으킬지도 모른다는 생각을 비웃는다. 그러나 믿든지 믿지 않든지간에 그것은 사실이다: 인간은 민감하게 서로 연결된 세 부분을 지닌 신비스러운 단일체이다. 육체는 정신과 영혼에 영향을 미친다. 그리고 영혼은 육체와 정신에 영향을 미친다. 그러므로 육체를 보살피는 것은 간접적으로 정신과 영혼을 보살피는 것이다. 그러한 보살 핌은 충만하고 행복한 삶을 위하여 항상 필요한 것이다.

분리의 역사

이러한 일에서 우리는 꽤 자연스럽게 선입관을 가지게 된다. 인간 각 부분의 상관성을 부인하는 것은 고대 그리스 철학에까지 거슬러 올라간다. 플라톤은 인간의 본질을 별개 범주로 나눈 최초의 사람이 었다. 그는 명백히 정신을 인간 복합체 가운데서 뛰어난 부분으로 생각했다. 그는 정신을 육체에서 분리된 별개의 것으로 생각했다. 그리고 육체는 정신에 영향을 미칠 수 없으며 정신도 육체에 영향을 미칠 수가 없다고 결론지었다. 그후에 성 아우구스티누스, 서구 문 명, 그리스도교의 사색가들은 모두 정신과 육체는 별개이고 분리되 어 있다는 생각에 일조를 했으며, 최종적으로 영혼과 육체를 분리하 는 어두운 검은 선을 그은 사람은 바로 철학자 르네 데카르트였다. 데카르트는 인간의 본질을 자신이 사랑하는 기하학만큼 분명하게 하 기를 원했다. 이 "데카르트 학파의 이원론"(영혼／육체)은 현재까지 지속되고 있다. 육체는 육체이고 영혼은 영혼이다. 정신과 육체와 영혼은 명백한 구분을 가진다는 것이 데카르트의 이원론이다.

우리의 과거는 오도되었을지도 모른다. 우리에게 있어서 정신과 육체는 기름과 물이 아니다. 믿든지 말든지간에 우리는 신비스러운 단일체이다. 몸과 정신과 영혼은 이러한 단일체가 민감하게 상호 연 결된 부분들이다. 한 부분이 어떤 일을 하게 되면 나머지 두 부분도 반드시 영향을 받게 된다.

여러 해 동안 우리는 신체는 의사에게, 정신은 정신과 의사에게 그리고 영혼은 신학자들에게 맡겨 왔다. 그러나 이제 더 이상 이 간결한 분리를 유지할 수 없음을 깨닫게 된다. 내과 의사들은 종종 쑤심과 통증이 순전히 육체적인 것만은 아니며 정신 상태의 영향을 받는다고 말한다. 다시 말해서 통증은 신체 내에 있으면서 또한 심리적으로도 유발된다. 한편 정신과 의사는 때때로 의기소침이 화학적 불균형이나 혹은 비타민 부족과 마찬가지로 순전히 신체적 조건에서 기인할 수도 있다고 말한다. 그리고 신학자들은 심적인 괴로움은 거룩한 시련이 아니라 인간적인 것이 의미하는 바의 왜곡된 견해 때문이라고 얘기할지도 모른다. 신학자들은 우리의 초기 심리적 프로그래밍을 다루기 위하여 되돌아가야만 할지도 모른다. 영적인 문제들이 초기의 프로그래밍에서 유래했을지도 모르기 때문이다.

육체·정신·영혼간의 연결은 어느 한 부분에서 일어나는 문제가 다른 부분에서 나타나는 것이 당연함을 의미한다. 걱정거리는 두통을 야기시킬 수도 있다. 불충분한 음식물 섭취라는 신체적 상태가 심리적인 우울을 야기시키는 것도 당연하다. 그리고 영혼의 충족되지 못한 굶주림이 신체와 정신의 병으로 나타나는 것도 당연하다.

행복은 이러한 상관된 세 부분 모두가 보살펴지기를 필요로 한다. 만일 세 가지 모두 충족되지 않는다면 어느 누구도 진실로 행복할 수 없다. 물론 이 훈련 ③에서는 주로 신체에 관해서 그리고 **휴식·운동·영양**의 필요에 관하여 이야기하고 있다. 그러나 상관성 때문에 신체가 필요로 하는 것에 대하여 이야기할 때, 또한 틀림없이 필수적인 부분인 정신과 영혼에 대한 배려도 잊지 말아야 할 것이다.

스트레스

신체적인 문제가 정신적인 문제와 영적인 문제의 원인이 될 수 있음을 이미 말했다. 신체적인 욕구를 보살피는 것이 정신과 영혼의 기능을 용이하게 하는 것 또한 사실이다. 오늘날 우리를 괴롭히는 주요한 문제 가운데 하나는 스트레스이다. 그것은 얼마간의 과로, 긴장 혹은 내적인 조화의 일시적인 상실로 시작되며 균형 감각, 마음의 평정을 깨뜨린다. 이러한 스트레스는 어느 누구도 피할 수 없는 삶의 실제이다. 스트레스를 일으키는 사건이나 상황들은 부정적일 수도 있지만 긍정적이고 겉으로는 유쾌한 것일 수도 있다. 새로운 도전은 얼마간의 적응을 필요로 할 것이며 이것 하나만으로도 스트레스를 일으킬 수 있다. 비록 우리들은 대체로 성장 위에 번영을 누리지만 또한 균형과 평정, 꾸준하고도 도전을 받지 않는 상태의 평온을 열망한다. 그래서 가정 내에서 신생아는 죽음만큼이나 스트레스를 많이 야기할 수 있다. "사랑에 빠지는 것"은 "사랑을 버리는 것"만큼 스트레스를 많이 줄 수 있다. 그러나 그것의 근원이 유쾌한 것이든 고통스러운 것이든지간에 스트레스는 쉽게 우리를 불행하게 만들 수 있다.

스트레스가 삶 속으로 들어오게 되는 네 가지의 기본적인 원천은 다음과 같다.

◇ 우리의 환경
◇ 우리의 신체
◇ 우리의 정신
◇ 우리의 영혼

환경이 관계하는 한 항상 얼마간 적응하기 위한 도전이 있다. 우리는 추위와 더위, 소음, 혼잡함, 서로서로 더불어 살기, 마감이 정해져 있는 시간, 개인의 안전과 자존에 대한 위협을 참도록 요청받는다. **신체** 또한 스트레스를 낳는 많은 도전을 제공한다: 사춘기 시절의 급속한 성장, 노령화, 질병, 사고, 수면 혹은 식이요법 문제 등. **정신**과 정신의 다양한 인식은 또한 스트레스를 야기시킬 수 있다. 예를 들면 자신을 불충분하거나 혹은 사랑을 받지 못하는 존재로 인식하는 것, 패배자 혹은 무가치한 사람으로 생각하는 것, 자신의 실패를 파멸적인 것으로 이해하는 것, 실재를 위협으로 받아들이는 것 등 각각의 경우에 있어서 그 결과는 스트레스이다!

그리고 마침내 빈곤한 **영혼**은 우리에게 큰 곤란을 야기시킬 수 있다. 우리는 믿음의 안정과 위로 없이 잘 살아갈 수 있다고 생각하지만 이러한 것들 없이는 곧 고통스러운 외로움과 불안을 겪을 것이다. 우리는 의기소침이라는 당혹스러운 상태에 빠지게 된다. 우리 안에 있는 그 무엇은 우리가 어디에서 왔으며, 여기에서 우리가 하고 있는 것, 어디로 가고 있는지를 알고 싶어한다. 이렇게 우리가 추구하는 인생의 의미를 찾을 수 없을 때 영혼의 자동 기록기는 스트레스를 받는다. 우리는 자신을 의미없는 삶의 몸짓을 통하여 걷고 있는 단순히 죽어야 할 인간으로 간주하기를 원하지 않는다. 신체가 병들어서 스트레스를 야기시킬 수 있는 것과 마찬가지로 영혼도 굶주려서 우리를 스트레스로 가득 찬 진공 상태로 인도할 수 있다.

원인이 무엇이든지간에 스트레스가 내부에서 생기자마자 신체 내에서는 즉시 생화학적인 변화가 생기게 된다. 우리는 "투쟁 혹은 질주"의 반응을 경험한다. 정신이 어떤 종류의 고뇌나 위협을 인지하자마자 신체의 중심지는 신체를 통하여 즉각적인 정보를 보낸다. 이 메시지를 전달하는 화학 물질은 우리가 그 위협을 다루거나 혹은 피할 준비를 하도록 온 몸 구석구석으로 연결된 선을 통해 재빨리 퍼져나간다. 지난 20년간 의학은 신경 전달 물질이라고 알려진 화학적인 전달자의 존재를 발견했다. 이 전달자의 작용 결과로 눈동자는 커져서 더 잘 볼 수 있게 되고 청각도 더 예민하게 된다. 근육은 인지한 이 새로운 위협을 다루기 위해 팽팽해진다. 심장과 호흡률은 증가하고 혈액은 팔 다리에서 빠져나와 몸통과 뇌에 고이기 시작한다. 결과적으로 손과 발은 차가워지고 땀이 나게 된다.

만일 스트레스가 오래 지속되면 이러한 신체적인 상태는 만성적이 된다. 심리학적으로 스트레스하에서는 모든 것이 균형이 잡히지 않아서 흐릿하게 보인다. 보통은 성가시지 않던 일들도 고통스럽게 되며 집중하는 데도 곤란을 겪는다. 수면과 식사 역시 만성적인 스트레스의 영향을 받는다. 지나치게 많이 자고 먹거나 혹은 거의 먹지도 않고 자지도 않음으로써 스트레스에 적응할 수 있다.

결국 만성적인 혹은 되풀이되는 스트레스는 몸을 조금씩 망가뜨린다. 스트레스는 항상 면역 체계를 망가뜨린다는 것은 입증된 사실이다. 때문에 아프게 되고 때때로 죽는다. 만성적인 스트레스는 또한 고혈압이나 긴장 항진을 생기게 할 수 있다. 비록 이 숫자의 절반은 자각조차 하지 못하지만 약 2천5백만의 미국인들이 고혈압 증세를 지니고 있다고 추정된다. 스트레스는 호흡기 감염, 관절염, 대장염, 설사, 천식, 고르지 못한 심장 운동, 성적인 문제, 순환계 문제 그리고 심지어 암을 일으키는 주요한 원인으로서 빈번히 발견된다. 1953년에 창립된 미국 정신의학 학회의 의사들은 보도된 모든 질병의 75%~90%까지는 부분적으로 스트레스 때문이라고 믿고 있다. 미국에서 가장 잘 팔리는 세 가지 약품은 신경 안정제 발리움(Valium), 혈압 강하제 인데랄(Inderal), 궤양 치료제 타가멧(Tagamet)이다. 제약업계의 지도자들은 매년 스트레스와 관련된 증후들 때문에 5백억~7백5십억 달러가 사용된다고 추정한다. 많은 사람들은 마치 터질 장소를 찾고 있는 사고 혹은 폭발물처럼 보인다.

"건전한 신체에 건전한 정신"

행복에 대한 고대 라틴 속담과 처방전은 "건전한 신체에 건전한 정신"(Mens Sana in Corpore Sano)이었다. 스트레스를 매우 명백히 설명한 현대 과학은 또한 스트레스를 정복할 수 있다고 주장했다. 악순환은 깨어질 수 있다. 그러나 그렇게 하기 위하여 휴식을 취하고 운동을 하며, 적절하게 균형잡힌 음식물을 섭취하는 법을 배우지 않으면 안 된다. 고대의 속담이 옳았다: 건전한 신체는 행복한 정신과 건전한 영혼에 크게 기여한다는 것, 신체 · 정신 · 영혼은 민감하게 상호 연결된 부분들이라는 것이다.

신체의 중요성을 확신하기 위하여 휴식을 취하고 난 후 주어진 자극에 어떻게 반응했는가를 떠올려 보라. 다음에는 긴장하고 피로하고 굶주렸을 때 동일한 자극에 대하여 어떻게 반응했는가를 회상하라. 긴장과 스트레스를 야기시키는 것은 반드시 커다란 것은 아니다. 약속 시간에 늦었을 때 간신히 찾아낸 한쪽 구두끈과 운전할 때 놓쳐서는 안 되는 모퉁이가 스트레스를 일으키는 요인이 된다. 스트레스와 그것이 만들어 내는 긴장은 삶에 있어서 이 사소한 짜증스러움을 확대한다. 우리는 대체로 산에는 걸려 넘어지지 않고 두더지가 파 놓은 흙두둑에서 넘어진다. 스트레스와 긴장은 우리를 망원경 덫 속으로 유인한다. 그 안에서는 모든 것이 과장되어 보이고 민감하게 느껴지기 시작한다.

신체는 원인이 무엇이든 어떤 스트레스에도 곧바로 반응한다. 과로 · 실직 · 죽음 · 이혼 등은 만성적 스트레스를 일으키기 쉽다. 그러나 마감이 정해져 있는 시간, 사소한 싸움, 작동하지 않는 간단한 기계 장치 등 하찮은 일들도 균형을 잃게 만들 수 있다. "스트레스!"의 메시지는 즉각 신경 세포 혹은 신경 경로를 따라서 전달되며 긴장을 일으키는 몸 속의 호르몬의 양을 증가시킨다. 결과는 거의 즉각적이다. 몸이 긴장하게 될 때 정신과 영혼의 기능은 즉시 감소된다.

휴 식

스트레스와 싸우는 첫 단계는 휴식이다. 그리고 휴식 방법을 배우는 첫 단계는 스트레스 요인을 인식하는 것이다. 우선 스트레스를 일으키는 상황, 사람, 행동의 목록을 만들어라. 또한 우리들 대부분은 스트레스의 "표적 기관"으로 알려진 것을 가지고 있다. 만일 자신의 표적 기관을 미리 인지해서 그 신호를 감지할 수 있다면 스트레스를 추적하는 데 도움이 될 것이다. 두통, 요통, 소화 이상, 피부 발진 등은 대표적인 스트레스 표적이지만 개인마다 다를 수도 있다. 나의 스트레스 표적 기관은 누관(sinuses)이다. 누관에 압박을 느끼기 시작할 때 나는 더 느린 기어로 전환할 시기라는 것을 알고 있다. 나의 성격상의 문제는 스트레스가 잔뜩 쌓여서야 그것을 발견하는 것이다. 나는 매우 단호하고 성급한 극단적인 "A형 행동양식"의 사람이다. 스트레스는 종종 내가 그것을 인식할 수 있기 전에 나 안에 태풍과도 같은 힘을 축적한다(스트레스를 초기에 발견하는 일에 있어서 당신은 나보다 더 낫기를 바란다).

몇몇 스트레스 요인은 우리를 도와 주는 듯하다: 다른 것들은 우리를 움츠리게 하는 경향이 있다. 삶에서의 스트레스는 바이올린 활의 마찰에 비유되어져 왔다. 아무런 마찰이 없다면 또한 아무런 음악도 없을 것이다. 그러나 마찰이 너무 많다면 단지 고통스런 쳇소리만 있을 뿐이다. 도움이 되는 스트레스는 우리가 앞으로 나아갈 수 있게끔 해준다. 유용한 스트레스 장면들은 우리를 흥분시키고 정력을 주는 것처럼 보인다. 나는 종종 교실로 가서 가르치는 것은 나에게 유용한 스트레스 요인이라고 생각해 왔다. 나는 언제나 학생을 만나고 가르치는 과정에서 자극을 받는다.

스트레스 요인을 전환시킴으로써 안정을 취하기

파괴적 경향이 있는 몇몇 스트레스 요인은 유용한 스트레스 요인으로 전환될 수 있다. 예를 들면 화가 날 때는 파괴적 스트레스만 발견하게 된다. 우리는 화를 내는 대상에 대해 가혹하게 판단하는 경향이 있으며 가능하다면 그들을 피하려고 애쓴다. 그들과 상대해야 할 경우가 생기면 화를 숨기려고 애써야 하고 그럼으로써 감정적으로나 육체적으로 탈진하게 된다. 만일 어느 누군가에 사로잡힌 사람이 되고자 한다면 그 사람에게 분노하라는 충고는 현명하다는 판정을 받을 것이다. 그 혹은 그녀는 아침, 낮 그리고 밤에 당신과 함께 있게 될 것이다. 분노하게 만든 사람은 당신과 함께 식사를 하게 되고 소화를 망치게 할 것이다. 그 혹은 그녀는 집중력을 파괴시키고 좋은 시절을 망치며, 당신에게서 귀중한 평화의 기쁨을 앗아갈 것이다.

분노의 스트레스를 전환시키기 위해 나는 어떻게 행동해야 하는가? 그것은 유용한 스트레스로 전환될 수 있는가? 이러한 경우에 가장 큰 도움이 되는 것은 다른 사람에게 화를 낼 때에 나는 나의 행운을 그 사람의 양손에 쥐어 주었다고 깨닫는 것이다. 나는 그 사람에게 나에 대한 매우 실제적인 능력을 부여했다. 부정적인 돌진으로부터 긍정적인 돌진으로의 변화는 내가 진실로 자신의 행복을 책임지도록 되돌아가는 순간에 일어날 것이다. 다시 말해서 이것은 내가 분노한 그 사람을 용서하지 않으면 안 된다는 것을 의미한다. 나는 나에게 지워진 실제적인 혹은 가공의 짐으로부터 그 사람을 놓아 주어야만 하며, 또한 계속된 분노의 대가로부터 나 자신을 해방시켜야 한다.

진실되고 완전한 용서는 "모든 사람들은 심리학적인 의미를 만들어 낸다"라는 통찰에 달려 있다고 생각한다. 내가 분노하는 경향이 있는 것들에 대하여 내가 모르고 있고, 결코 알지 못한 것들이 너무나도 많다. 이러한 사람들을 이해하기 위해서 나는 그들의 가계·가족·교육·경험·이웃 등에 대하여 알아야 할 것이다. 이전에 언급했다시피 인간의 뇌의 무게는 3파운드 3온스이다. 그러나 뇌는 그 자체 내에 여태까지 만들어진 가장 복잡한 컴퓨터보다도 더 많은 메시지를 저장하고 있다. 인간이 어떤 행동을 취할 때마다 뇌에 저장되었던 모든 메시지들은 활성화된다. 그것들은 모든 행동과 반응 속으로 공급된다. 그러므로 나는 어떤 사람이 얼마나 진정으로 용서를 필요로 하는지를 결코 확신할 수 없다. 만일 내가 그 사람의 뇌 안에 공급되고 있는 저장된 모든 메시지를 알 수 있다면 나는 비판적이기보다는 오히려 동정적이게 될 것이다. 하지만 중요한 것은 나는 다른 사람들의 메시지들에 대해서 전혀 알 수가 없다는 것이다.

나는 항상 무지를 변론하지 않으면 안 된다. 그러고 나서 그 사람이 필요로 하는 정도만큼 나의 용서를 부여한다. 이렇게 다른 이에게 제공하는 동일한 이해를 나 역시 필요로 함을 하느님께서는 알고 계시다. 용서하는 과정의 결말에서 나는 나를 분노하게 한 사람에게 미안함을 느끼게 될 것이며 분개의 속박으로부터 우리 쌍방을 해방시킬 것이기 때문에 마음이 평화로운 것이다. 나는 자신의 행복을 위하여 책임을 개선할 것이다. 내가 이 일을 성취할 수 있을 정도로 부정적인 스트레스는 긍정적이고 유용한 스트레스로 전환될 것이다.

또 다른 예를 들어 보자. 학생과 교사가 의견을 달리할 때 어떤 교사는 화를 낸다. 나 역시 종종 이 덫에 걸리곤 했었다. 여기에는 다음과 같은 또 다른 통찰이 있다: "이기고 지는 논쟁에서는 모든 사람들이 다 진다." 그러나 그 학생에게 그의 관점을 상세히 설명하라고 요청한다면 의미있는 방향으로 이끌 수 있을 것이며, 이것들이 공유될 때 모든 사람들이 다 이긴다. 물론 그것은 마치 당신이 모든 것을 다 알고 있는 것처럼 보이는 가식을 포기할 것을 요구한다. 이런 가식은 지속되기 어렵다. 만일 이 모든 것에도 불구하고 그 학생이 여전히 불유쾌하거나 오만하다면, "싫은 사람은 감정을 상하게 하는 사람이다"라는 말에 귀를 기울일 필요가 있음을 기억해야 한다. 그러한 통찰들은 스트레스를 다룰 때 우리가 필요로 하는 "전환점"이 될 수 있다.

동일한 종류의 전환 과정이 느낌들을 표현하는 데 적용될 수 있다. 우선 느낌은 도덕적으로 좋지도 나쁘지도 않다는 인식에 도달하지 않으면 안 된다. 또한 모든 사람들이 모든 중요한 느낌들을 충분히 소유하고 자유롭게 표현하는 것은 항상 좋은 것이라는 사실을 인식해야만 한다. 그렇지 않으면 위장은 계속 차 올라오며 꽉 밀폐된 감정은 치명적이거나 파괴적이 될 것이다. 우리는 은밀한 만큼 아프다. 물론 감정은 "당신"이 아니라 "나"의 진술로 표현되어져야만 한다. "당신이 나를 화나게 만들었다!"가 아니라 "나는 화가 났다"로 서술하는 것이다. 명백한 통찰과 단순한 기술은 전환의 기적을 꽤 쉽게 창출할 수 있으며 해로운 스트레스는 유용한 스트레스가 된다. 평온이 긴장을 대신하는 것이다.

그러므로 우선 스트레스 요인을 입증하는 법을 배워야만 한다. 해로웠던 것이 유익하게 되므로 부정적인 스트레스 요인의 긍정적인 스트레스 요인으로의 변모는 기적을 경험하는 것과 같은 무엇이다. 우리는 다른 사람과 그 문제에 관하여 이야기를 나눔으로써 자주 이렇게 전환하게 하는 교화와 권능 부여를 획득할 수 있다. 만일 그 사람이 똑같은 스트레스를 경험했으며 성공적으로 전환의 과정을 겪었다면 그것은 특별한 도움이 된다.

기술적으로 휴식을 취하기

명백하게 모든 부정적인 스트레스 요인들이 다 긍정적인 스트레스 요인들로 전환되어질 수 있는 것은 아니다. 예를 들어서 소중한 사람의 죽음은 우리가 깊은 슬픔의 과정을 겪어야만 함을 의미한다. 이러한 슬픔에 지름길이란 없다. 슬픔을 유쾌하게 만들 방법도 없다. 그러므로 그러한 긴장들을 풀 방법을 모색하는 것이 도움이 된다. 긴장이 슬픔에서 기인하든지 혹은 일상의 스트레스로부터 기인하든지간에 우리 모두는 각자 몇몇 요긴한 형태의 안정을 취하는 법을 개발하고 이용할 필요가 있다. 여기에는 여러 가지 방법들이 있을 수 있으며 도움이 되어 보이는 것은 무엇이든지 이용해야 한다.

마음을 달래 주고 안정시켜 주는 효과를 지닌 취미생활을 위하여 매일 얼마간의 시간을 투자하는 것도 흔한 기술 중의 하나이다. 하루가 끝날 무렵에 나는 보통 피아노를 치고 쉰다. 딱다구리가 목수인 것과 동일한 의미에서 나는 음악가이다. 나의 음악은 분명히 음악을 알고 사랑하는 다른 사람을 편하게 하지는 못하지만 나만은 정말로 편하게 해준다. 당신에게 어필할 수 있는 다른 취미는 빵 굽기, 원예, 독서, 대화, 음악 감상, 수집, 앨범 들쳐보기, 저작 등등이다.

또 다른 평이한 기술은 자신과 매일 약속하는 것이다. 이 약속시간 동안에 아무 일도 하지 않고 평화를 즐기는 법을 배우려고 노력하라. 그리고 이것이 도움이 되는지 살펴보라. 깊숙히 등을 기대고 눈을 감아라. 숨을 깊이 들이마시고 내쉬어라. 정말로 방문했거나 혹은 쉽게 상상할 수 있는 평화의 장소, 유쾌한 장소에 있는 자신을 상상하며 모든 근육이 이완되는 것을 느껴라. 자신과의 매일의 약속으로 휴식을 취하고 즐기는 것은 어떤 약품보다도 낫다.

휴식을 취하는 몇 가지 최종적인 제안들:

① 당신을 완전히 내보일 수 있고 전적으로 안전함을 느낄 수 있는 절친한 친구를 찾아라. 그런 사람을 발견할 수 없다고 말하지 말라. 약간의 도움을 통해 조금이라도 좋은 의도를 지닌 사람이라면 누구라도 충분히 그렇게 할 것이다. 그에게 모든 중요하고도 감정적으로 가득 찬 경험들을 솔직하게 이야기하라. 그러나 절친한 친구에게도 동등한 시간을 내줘야 함을 명심하라. 어떤 사람도 감정적으로 거절된 인간 쓰레기가 되기를 바라지 않는다.

② 자연 세계를 산책하라. 꽃을 자세히 들여다보고 냄새를 맡을 시간을 가져라. 호수나 대양의 흐름을 주의깊게 지켜보고 귀를 기울여라. 고개를 들어 별을 찬미하라.

③ 좋아하는 책이나 시를 다시 읽어라.

④ 가장 최근에 일어난 소동이나 위기를 일지에 묘사하라. 그리고 그 경험으로부터 배운 점을 첨가하라. 모든 소동이나 위기에는 항상 긍정적인 면이 있다.

⑤ 일지 형식으로 일기를 쓰라. 주제는 당신의 생각, 느낌 그리고 당신이 필요로 하는 것으로 잡아라.

⑥ 좋아하는 농담과 웃음거리를 기억하라. 유머는 치료제이다.

운 동

긴장에 대한 전통적인 용어 정리는 "활동이 적은 신체에 활동이 지나친 정신"이다. 매일의 격심한 — 가능하다면 — 운동은 균형을 회복시켜 준다. 그것은 또한 긴장의 축적을 막아 준다. 운동이 육체적으로 수행하는 기능은 뇌와 혈류에서 화학적인 긴장을 제거한다. 또한 운동은 엔돌핀처럼 우리를 편하고 평화롭게 느끼도록 만드는 화학 약품의 생산과 흐름을 증진시킨다. 격심하게 운동을 하고 난 후에 기분이 의기소침해지기란 매우 어렵다. 조깅하는 사람들은 자주 경주자들의 절정으로 불리는 흥분감을 경험한다. 그것은 운동에 의하여 야기되는 신체 내의 신경 화학적 변화이다.

중년의 위기에 관하여 많은 저자들이 무엇보다도 먼저 추천하는 것은 매일의, 격심한 운동이라는 사실은 흥미롭다. 사실 중년에는 심리적 · 영적인 필요성이 증가한다. 그 결과로 오랜 친구인 스트레스가 침입하게 되며, 뿐만 아니라 다음과 같은 덫의 악순환을 되풀이하게 된다. 즉, 우리가 필요로 하는 것이 스트레스를 만들어 낼 때 우리는 그 덫 속으로 들어가게 되며, 후에 스트레스는 그 필요성을 확대시킨다. 그 결과는 더 많은 스트레스이다. 가장 빨리 빠져나오는 방법은 매일의, 격심한 운동이다. 조깅을 하고, 수영을 하고, 씩씩하게 걸어라. 그렇지 않으면 무슨 일이라도 하라!

15여 년 전에 나는 스트레스 테스트라고 불리는 심장 검사를 받았다. 그것은 괴롭지만 유익한 경험이었다. 나는 밟아 돌리는 바퀴(treadmill) 속으로 들어갔으며 심장은 주치의에 의하여 모니터로 체크되었다. 나는 그 테스트는 단순한 절차일 뿐이며 아무 이상도 없을 거라고 확신했다. 그러나 6분 내지 7분 후에 의사는 기계를 멈추게 했고 나에게 발을 들고 자리에 앉으라고 요청했다. 그는 자신의 청진기로 나의 심장소리를 주의깊게 계속 들었다. 마침내 그는 모든 것이 정상으로 되돌아갔다고 말했다. 그는 나의 심장이 "뛰기" 시작했다고 설명했다. 그는 심장의 이상이 아마도 "운동 부족" 때문일 것이라고 암시했다.

　이때부터 조깅하는 사람으로서의 나의 이력이 시작되었다. 나는 단거리를 매우 천천히 달리는 것부터 시작했다(개를 데리고 걷는 노인들이 종종 내 곁을 지나갔다). 그러고 나서 편안하게 달리기를 다시 시작할 수 있을 때까지 걷곤 했다. 이제 나는 매일 3 내지 4마일을 조깅한다(나는 여전히 저 노인들과 그들의 개를 조심하지 않으면 안 된다). 내가 조깅을 시작한 바로 그날이 실로 "내 인생의 최초의 날"이었다. "달리기 의사"인 심장병 학자 쉬헌(George Sheehan) 박사는 "조깅은 수명을 연장시키지 않을지는 모르지만 틀림없이 생의 질을 향상시킬 것"이라고 말했다. 분명히 조깅은 나에게 이 일을 해 주었다.

　인간의 몸은 이상한 기계이다. 그것은 **사용 부족**으로 인해 닳아 없어진다. 매우 이상하게도 인간의 에너지는 몸을 이용하거나 혹은 운동을 통하여 생긴다. 결과적으로 신체의 양호함은 우리가 소비해야만 하는 에너지에 매우 도움이 된다. 종종 피곤함이나 지침의 최상의 치료는 30분간의 에어로빅 운동이다. 무활동은 우리를 나태하게 만드는 경향이 있다. 그것은 실제로 저 에너지, 의기소침 그리고 절망을 초래한다. 믿기 어렵겠지만 우리는 에너지를 저장할 수 없다; 다시 말해서 에너지를 사용하지 않는다면 에너지 공급을 증강시킬 수 없다는 것이다. 물론 적당한 휴식은 필수적이지만 만일 신체적인 활동이 동반되지 않는다면 그 결과는 의기소침이 될 것이다. 이용되지 않은 잠재력처럼 사용되지 않은 에너지는 파괴적인 힘으로 입증된다. 나는 모든 사람들이 운동으로부터 이익을 얻을 수 있다는 말은 진실이라고 생각한다. 우리는 모두 운동에 의하여 에너지 공급을 증가시킬 수 있다.

연구가들이 운동의 효과를 조사하기 시작한 이래로 운동의 효과는 더욱 명백해졌다. 암과 심장병의 사망률은 신체적 활동이 낮은 직업의 사람들 사이에서 가장 높았다. 반대로 신체적 활동이 높은 직업의 사람들 사이에서 가장 낮았다[Stephanie Matthews Simonton - Robert L. Shook, *The Healing Family*(치유하는 가족) (Bantam Books, 1984)을 참조하라].

물론 모든 사람들이 다 조깅을 할 수 있거나 혹은 조깅하기를 원하는 것은 아니다. 그러나 거의 모든 사람은 힘차게 걸을 수 있다. 활발하게 걷는 것은 사실상 격렬한 운동의 모든 장점을 지니고 있다. 조깅이나 수영과 마찬가지로 활발하게 걷는 것은 신진대사를 일으킨다. 그리하여 몸은 더 빠른 비율로 칼로리를 태워 버리며 근육의 긴장과 심장의 효율성을 향상시킨다. 운동은 또한 동맥에서 플라크의 증강을 완화시키고 혈압을 낮추며 노화 과정을 둔화시킨다는 것이 발견되었다. 이러한 명백한 장점으로 인해 운동은 인간의 행복에서 상당히 큰 요소가 되어야만 한다.

스트레스와 긴장은 규칙적인 운동으로 상당히 감소된다. 결과적으로 운동하는 사람들은 평화롭고 균형잡힌 세계를 보게 된다. 그들은 건전한 시각을 지니는 경향이 있다. 더 명쾌하게 사고하고 더 잘 기억하며, 그리고 좀더 쾌활하고 유쾌하며 낙천적이다. 물론 "시작"이 가장 어려운 부분일지도 모른다. 그러나 최후의 보답은 엄청나다.

영 양:
엔진은 적절히 연료 보급을 받지 않는다면
작동하지 않을 것이다

행복하게 오래 살려면 좋은 영양 섭취는 절대적으로 필수적이다. 올바른 식사를 통하여 좋은 건강 상태를 유지하는 것은 매우 중요하다. 인간의 엔진은 만일 적절히 연료 보급을 받지 않는다면 부드럽게 작동하지 않을 것이다. 사회적 질병을 영양가 섭취와 연결짓는 것은 너무나 극적인 것처럼 들린다는 것을 알고 있다. 그러나 영양가 섭취는 범죄와 정신이상에서부터 이혼과 마약 중독에 이르기까지 연관이 있다. 우리 시대에 가장 존경받는 영양학자 가운데 한 사람인 고(故) 아델 데이비스는 다음과 같이 썼다:

> 만일 영양가 섭취가 현저하게 향상되지 않는다면, 이 모든 사회적 문제들이 인구의 비율에 비례하여 증가할 것이라고 예상할 수 있다. 나는 불완전한 영양가 섭취가 이러한 사회적 질병의 **유일한** 원인이라고 말하지 않는다. … 그러나 불충분한 영양가 섭취는 마가렛 미드 박사가 지적하는 것처럼 여전히 치명적인 요소이다. "좋은 건강 상태를 유지시키기 위하여 올바르게 먹자"[Adelle Davis, *Let's Eat Right to Keep Fit* (Harcourt Brace Jovanovich, 1970) 248쪽].

신체는 명백하게 정신과 영혼이 활동을 하게 되는 도구가 된다. 이러한 사실의 한 가지 극적인 예는 뇌의 손상이다. 지각하고 선택하는 능력은 정신과 영혼의 힘이다. 그러나 사고의 희생자들이나 혹은 얻어맞고 비틀거리는 권투 선수들의 경우에서처럼 만일 뇌가 손상을 받는다면 정신과 영혼의 힘은 매우 제한될 수 있다. 마찬가지로 만일 뇌가 영양학적으로 결핍되었다면 동일한 결과가 생겨날 것이라는 것도 사실이다. 오래된 알코올 중독 환자의 경우 뇌는 결국 보잘것 없게 된다. 또 다른 예를 들어 보자. 비타민 B6는 뇌의 정상적인 기능에 필요하다. 암세포를 죽이기 위해 식이요법에 이 비타민이 제한되었을 때 어린이와 성인 모두에게 경련이 일어난다.

동양의 우화

인간의 상태와 상호 연결성을 잘 예시해 주는 "말, 마차 그리고 운전사"라는 제목의 동양 우화가 있다. 이 우화에서 마차는 인간의 육체이다. 말은 인간의 감정을 대변하고 운전사는 정신이다.

만일 이 시스템이 잘 작동하지 못한다면 맨 먼저 충분히 검토해야 될 일은 마차의 상태를 살펴서 보살피는 것이다. 기름을 바르거나 작동을 시키지 않는다면 마차는 녹이 슬거나 혹은 썩을 것이다. 보존은 어렵게 되고 적절하게 취급하고 사용되지 않으면 상태의 악화를 일으키게 될지도 모른다. 이 마차는 자기-주유의 붙박이 시스템을 가지고 있다. 도로의 융기들은 이러한 윤활유가 순환하는 것을 도와 주기로 되어 있다. 그러므로 가동이 되지 않는다면 마차의 이음새는 얼거나 혹은 부식하게 될지도 모른다. 그래서 이 마차의 겉모양은 초라하고 시시하게 될 것이다. 명백히 안전하고 효율적인 여행을 하기 위하여 마차는 잘 유지되지 않으면 안 된다.

결과적으로 많은 심리요법가들은 시작점으로 휴식, 영양가 섭취 그리고 운동 프로그램을 추천한다. 만일 인생을 통한 기마 여행이 불편하다고 생각된다면 제일 먼저 충분히 검토해야 될 일은 마차(육체)를 보존하는 것이다. 문제점이 여기에 있는 것이 당연할지도 모른다. 만일 여전히 문제가 존재한다면 훌륭한 심리요법가는 그 다음

말(감정)과 운전사(정신)를 충분히 조사하기 시작할 것이다. 그러나 "안의, 더 심한" 문제들은 육체가 적당하게 안정을 취하고, 영양가를 섭취받고 운동을 하고 난 후에 종종 사라진다.

결 론

육체, 정신, 영혼의 상호 작용을 부인하고 싶어하는 역사적으로 뿌리박힌 편견들이 많이 있다. 그럼에도 불구하고 이러한 민감한 상호 연결성은 우리 경험 안에 매일 극화되어 있다. 스트레스를 지나치게 받을 때 화를 잘 내게 된다. 육체적으로 운동 부족일 때 감정적으로 약해지고 명료하게 사고하는 능력을 잃어버린다. 오래 끄는 스트레스하에서는 정신도 마찬가지로 억제된다. 휴식, 운동, 영양가 섭취를 위하여 자신의 신체적인 필요를 돌보는 일은 매우 이치에 맞다. 이러한 보살핌이 없다면 삶의 질은 매우 낮아지고 세계는 이치에 맞지 않으며, 인생은 고통에 찬 밟아 돌리는 바퀴처럼 느껴지기 시작한다. 우리는 "하여튼 무슨 일인가?"라는 질문을 하면서 시작한다.

신체의 필요를 충족시키기에 관한 견해들을 조사·분석하기 위하여

1. 목록을 만들어라(당신은 다른 목록을 만들 준비가 되었는가?).

이번에는 당신의 몸을 돌보기 위하여 지난 주에 실행한 것들의 목록을 만들어 보라. **휴식·운동·영양**의 분류를 이용하라. 그리고 나서 몸을 돌보는 자신의 노력을 스스로 평가하라. (A = 경외심을 일으키는, B = 훌륭한, C = 잘하는, D = 느릿느릿 나아가는, F = 어리석은)

2. 책임성있는 파트너를 선택하라.

친한 친구라면 틀림없이 기꺼이 이 과정에 당신과 합류할 것이다. 당신과 파트너가 규칙적으로 간격을 두고서 서로서로 조사할 것을 약속하고 아래에 나오는 **휴식·운동·영양**에 관계된 일련의 분석을 하라. 이것들을 책임성있는 당신의 파트너와 함께 나누고 성공이나 혹은 실패에 관한 분석을 정기적으로 상기시켜 줄 사인을 하라. 이러한 사인을 당신의 거울에, 책상에, 개인적인 게시판에 붙여 두라. 확실히 그것은 당신에게 인내력을 요구할 것이다. 그러나 부디 다음을 기억하라: 도움이 되는 유일한 프로그램들은 우리가 기꺼이 해낸 프로그램임을.

3. 당신의 스트레스 요인을 알아내라.

아래의 목록에서 당신이 정기적으로 경험하는 스트레스의 징후를 표시하라. 아래의 것들 가운데 어떤 것은 신체적인 것이고 또 다른 것들은 정서적인 것이다. 모든 것은 휴식, 운동, 영양가 섭취에 관하여 당신에게 무엇인가를 말해 주는 신호이다.

◇ 근육 긴장
◇ 두통
◇ 피부 문제
◇ 흉곽 고통
◇ 사지 냉증(손과 발)
◇ 비정상적인 식습관
◇ 떨림
◇ 현기증
◇ 두근거리는 심장
◇ 호흡 곤란
◇ 정신-신체적 질병(고혈압, 궤양, 발진, 빈번한 오한)

◇ 충분한 수면에도 불구하고 빈번한 피로

◇ 잠을 잘 수 없음

◇ 신경 과민

◇ 화를 잘 냄, 성급함

◇ 자주 신경이 곤두서는 혹은 차츰 쇠진한 느낌

◇ 소모: "나는 단지 그것을 더 이상 받아들일 수 없다"

◇ 속도를 조절할 수 없음

◇ 즐기고 웃을 수 없음

◇ 끊임없이 "긴장한" 느낌

◇ 빈번한 불안, 두려움, 근심

◇ 집중할 능력이 없음

◇ 침착하지 않음

◇ 남들과 의좋게 살아가는 데 어려움이 있음

◇ 빈번한 공상에 잠김

◇ 되풀이하여 발생하는 상황을 피하고자 하는 빈번한 바람

◇ 식욕이 없음, 지나친 식욕

휴식·운동·영양이라는 프로그램을 시작한 후에 당신이 방금 체크한 징후들을 다시 한번 살펴보라. 그것들이 감소했는지 혹은 사라졌는지를 주목하라.

❖ 기억하라 ❖

긴장이나 지친 몸으로 인생을 여행할 때에는
행복해지기가 어렵다.
나를 돌보기 시작하라. 그밖의 모든 것은 쉽다.

삶은 사랑의 행위가 되어야 한다

사랑을 하지 않은 사람에게 노년은 쓸쓸한 겨울이다. 사랑이라는 인간의 큰 자질은 그 사람과 함께 죽음 이후 땅에 묻혀야 하며 상실되어서는 안 된다. 그런데 마지막에 모든 것이 상실되고 말았다. 아무도 와서 돌보아주지 않았다. 단지 사랑 없는 한 사람과 쓸쓸히 죽음을 기다리는 일만 남았다.

사랑을 했던 사람에게 노년은 수확의 시기이다. 아주 오래 전 조심스레 뿌려진 사랑의 씨앗이 시간과 더불어 자라났다. 사랑하는 사람은 삶의 황혼기에 다른 사람들과 그들의 보살핌에 둘러싸여 있다. 기쁘고 자유롭게 다른 사람에게 주었던 사랑이 크게 자라 되돌아온 것이다.

사랑은 무엇인가?

우리가 너무나 자주 오용하는 말이 있다면 그것은 뭐가 뭔지 모르겠다는 말일 것이다. 대부분의 젊은이들과 성숙한 나이에 다다른 많은 이들은 사랑을 하나의 **느낌**이라 여긴다. 어떤 느낌이 우리를 사로잡을 때 "사랑에 빠졌다"고 말하며, 그 느낌이 사라질 때 사랑은 돌연 지나간 일에 지나지 않게 된다. 사랑이 끝나버리는 것이다. 이렇게 열중이나 일시적인 감정의 끌림은 쉽사리 사랑과 혼동될 수 있다.

또 다른 혼동을 가져다주는 것으로서 우리들은 이따금 **필요**를 **사랑**으로 오해한다. 다른 사람이 다가와 우리가 필요로 하는 것 가운데 하나를 채워 줄 때 우리는 "아, 나는 당신을 사랑해요"라고 말하고 싶어진다. 참된 사랑의 고전적인 표현인 "나는 당신을 사랑하므로 당신이 필요합니다"라는 말은 "당신이 필요하므로 나는 당신을 사랑합니다"라는 말과는 아주 다른 표현이다. 나의 공허와 필요를 채워 주었기 때문에 당신이 나의 사랑을 받을 만한 것은 아니다. 나의 사랑은 항상 자유롭게 당신에게 주어지는 선물이다.

확신컨대 참된 사랑은 **결단**이며 **헌신**이다. 누구를 사랑할 수 있기 전에 내면의 결심을 해야 하는데, 그것은 사랑하는 사람을 위하여 가장 좋은 일들에 나를 헌신하겠다는 것이다. 사랑하므로 나는 사랑하는 사람이 필요로 한다면 무엇이든지 말하고, 행하고, 될 수 있다. 사랑은 내가 냉혹해지거나 부드러워지도록 푸른 벨벳이 되거나 푸른 강철이 되도록 요구한다. 사랑하므로 나는 사랑하는 이에게 맞설 수도 그를 위로해 줄 수도 있다. 그러나 우선 사랑한다고 말해야 한다. 그런 다음 결심을 하고 헌신한다. 사랑이 내게 어떤 것을 요구하든지 나는 행할 준비가 되어 있다. 결정을 내려야 하는 갈림길에 설 때마다 나는 단지 이렇게 묻는다. "어떻게 하는 것이 사랑하는 일인가?"라고 말이다. .

이것이 가능한 일인가? 물론 누구도 그리고 무엇도 완전하기란 불가능하다. 그러나 이것은 뛰어난 이상이다. 사실 이것이야말로 우리에게 행복을 가져다주는 유일한 삶의 원칙이다. 삶의 매순간에 우리는 하나의 근본적인 질문을 하며 이 질문은 삶의 원칙에 관련한다. 나는 이렇게 물을지도 모른다. "어떻게 하면 돈을 가장 많이 벌 수 있을까?", "어디서 제일 재미있게 보낼 수 있을까?" 그러나 자신의 삶이 사랑의 행위가 되게끔 결심한 이는 먼저 돈이나 재미에 대하여 묻지는 않는다. 사랑하는 사람은 쾌락을 구하지 않으며 박수갈채에 귀기울이거나 아첨을 좇지도 않는다. 그를 몰아가는 기본적인 원동력은 단순히 사랑하는 사람이 되는 것이다. 유일한 물음은 "어떻게 하는 것이 사랑하는 일인가?"이다. 이것이 사랑의 결단이다. 이것이 사랑의 헌신이다.

여러 차원의 사랑

물론 사랑은 여러 차원에서 존재할 수 있다. 내 삶에 있어서 어떤 이는 다른 이보다 우위에 있다. "헌신"의 예를 들어 보자. 내게는 낯선 이, 가까운 이, 적, 급우, 동료, 벗, 이웃, 친한 벗, 형제나 자매, 부모, 배우자, 자녀들이 있다. 사랑하는 이로서 나는 가능한 한 모든 이들의 필요를 읽고, 깨닫고, 채워 주고자 노력한다. 그러나 친밀의 정도가 다르기 때문에 또한 여러 차원에서의 헌신이 있을 것이며, 헌신의 차원과 관련하여 우선순위가 정해질 것이다. 벗에 앞서 가족, 낯선 이에 앞서 벗들 … 하는 식으로.

자기 사랑과 타인 사랑

물론 사랑은 가정에서 시작된다는 것을 먼저 언급하지 않고 다른 사람에 대한 사랑을 말할 수 없다. 우리는 먼저 자신을 사랑해야 한다. 인간관계를 연구한 정신의학자 설리반(Harry Stack Sullivan)은 "다른 사람의 행복, 안전, 번영이 당신의 그것만큼 혹은 그보다 더 현실적으로 느껴질 때 당신은 그 사람을 사랑하고 있다"고 말한다. 나 자신의 행복, 안전, 번영이 나에게 현실적으로 느껴짐은 당연한 사실이다. 그런데 내가 자신을 사랑하는 데 실패한다면 더욱이 다른 사람을 사랑할 수는 없을 것이다.

사랑하는 사람이 되기 위하여 나는 자신의 행복, 안전, 번영을 다른 이의 그것만큼 소중히 여겨야 한다. 나의 욕구가 사랑하는 사람의 욕구와 균형을 이루도록 해야 한다. 예를 들어 배가 고파 저녁식사를 하기 위해 서둘러 가고 있거나 혹은 몹시 피곤하여 쉬기 위해 집으로 돌아가다가 당신을 만났는데, 당신은 나와 이야기 나누기를 바란다. 나는 그것이 지금 당신에게 얼마나 중요하고 긴급한 일인지 물어야 할 것이다. 그리고 그것이 하찮은 일이라면 내일 만나기로 약속을 정할 수 있다. 나의 욕구가 당신의 욕구에 우선한 것이다. 그러나 만일 당신이 방금 심각한 실패를 겪었다거나, 가족 중에 누가 죽었다거나, 자살의 위기에 놓였다면, 나는 저녁식사나 수면을 뒤로 미룰 수 있다. 이때는 당신의 욕구가 나의 욕구에 우선한다. 사랑하는 이는 수많은 어려운 결정을 하도록 요구되는데, 이렇게 우선순위를 정하는 것도 그중 하나이다.

또한 사랑에 관한 결단의 대부분은 "사랑하는 그 사람에게 유익한"것이어야 한다. 당신에게 실로 유익한 것이 당신이 선호하는 것이 아닐지도 모른다. 취한 상태에서 나에게 한 잔 더 하자고 권하거나 거짓말을 하거나 술수로 나를 끌어들이려고 할 수 있다. 또는 소심한 인간이니 자신을 가만 내버려두라고 내게 말할 수도 있다. 이처럼 당신이 원하기는 하지만 유익하지 않은 요구에 대해서 나는 전부 싫다고 말해야 한다. 감정적인 강요도 비슷한 경우이다. 당신이 나를 "무시"하거나 비방하고 싶을 수 있다. 분노나 눈물로 나를 조종하려 들 수도 있다. 이럴 경우 사랑은 한치도 양보하지 말 것을 나에게 요구할 것이다. 사랑은 내가 "밟히는 존재"나 "동네북"이 되는 걸 허용하지 않는다. 사랑은 나에게 당신과 직면하고 떨어져서 걷도록 요구할 것이다. 따라서 사랑을 무엇이라고 정의하든간에 저항을 최소한 줄이고자 하는 이들에게 당신과 맞서고 떨어져서 걷는 것은 사랑이 아니다. 하지만 행복하려는 이들에게는 그러하다.

일생을 교단에 선 한 친구가 있다. 한번은 나에게 그가 교직에 있던 지난 20년 동안 알코올 중독자였다고 말한 적이 있다. 가족과 친구들은 고전적인 "허용자들"이어서 그가 계속 술을 마실 수 있도록 그를 변명해 주면서 허용했다. 그가 곤드레만드레가 되어 있을 때 다른 동료 교사가 그의 수업을 떠맡는 식이었다. 그리하여 그는 오랜 세월 동안 음주로 자기를 파멸시켜 온 것이다. "그런데" 그는 거의 안도의 한숨을 쉬면서 말했다. "감사하게도 누군가 나를 거칠게 사랑한 거야. 그는 나를 직면할 만큼 충분히 나를 사랑한 것이지. 그는 내 앞에 똑바로 서서 내가 도움을 받지 않는다면 이 사실을 폭로하겠다더군. 내가 병이 들었으니 도움을 받아야 한다는 거지. 그는 나를 사랑하기 때문에 내가 파멸되어 가는 걸 지켜볼 수 없다고 하더군. 그 말에 정신을 차린 거야. 그래서 도움을 받게 되었지."

거칠게 사랑받았던 이 이야기는 전에 들은 적이 있는 어떤 이야기를 상기시켜 주었다: 사랑하는 이가 엉망으로 취해 집 앞마당에 쓰러져 잘 때 그에게 베풀 수 있는 가장 큰 사랑의 행위는 거기 그대로 두는 것이다. 사랑으로 그가 "밑바닥까지 내려가게" 하는 것이다. 충분히 고통을 느끼고 과음의 결과에 고통스러울 수 있도록 허용될 때에만 그는 변화할 수 있을 것이다. 그런데 가장 덜 잔인한 방법은 잔디 물뿌리개를 가동하는 것이다.

세번째 사랑의 대상: 하느님

사랑의 세번째 대상은 이름 그대로 하느님이다. 자신과 타인 이외에도 온 몸과 온 마음과 온 힘을 다하여 하느님을 사랑해야 한다. 하느님을 사랑한다는 것에는 새롭고 다른 차원의 사랑이 부가된다. 우리는 하느님께서 가지지 못한 무엇인가를 그분께 드릴 수 있으리라고 생각하고 싶지만 사실 그럴 수는 없다. 하느님께서는 우리가 진실로 다른 이를 필요로 하듯이 우리를 필요로 하시지는 않는다. 뭔가가 절실히 필요한 사람들만이 욕구를 경험한다. 그러나 하느님께서는 뭔가를 필요로 하지 않는 존재이시다. 다만 하느님께서는 우리더러

서로 사랑하라고 이르신다. 하느님께서는 우리가 가장 작은 형제에게 행한 것이 무엇이든 그것을 곧 자기 자신에게 행한 것으로 여기실 것이다.

물론 하느님은 당신의 뜻을 수락하고 그대로 따르도록 원하신다. 내가 보는 바로는 하느님의 뜻을 따르려는 마음 가장 밑바닥에는 다음과 같은 것이 있는 듯하다: 나의 계획을 세워 하느님께 그 계획을 밀어주시도록 요청할 것인가? 혹은 하느님 당신의 계획이 무엇인가를 묻고 그 계획의 어디쯤에 내 자리가 있는가를 알아볼 것인가? 나는 거울 속에 두번째 표징을 붙여 두었다. 그것은 나를 사랑하시는 하느님께 감사하는 것이며 이렇게 묻고 있다. "당신께서는 오늘 무엇을 하시렵니까? 저는 그 계획의 일부가 되고자 합니다."

물론 하느님의 뜻이 신비로울 때가 많다. 하지만 우리는 다음과 같은 사실을 전적으로 확신할 수 있다: 하느님은 그분의 선물을 우리가 충만하게 활용할 것을 원하신다. 2세기경의 성인 이레네오(St. Irenaeus)는 "하느님의 영광은 충만되게 살고 있는 인간으로 재현된다"라고 적고 있다. 누군가에게 선물을 주었는데 상대방이 그 선물을 전혀 사용하지 않는 것을 알아차린 적이 있는가? 당신은 이렇게 묻고 싶었을 것이다: "내가 준 선물을 좋아하지 않는군요? 왜 한번도 쓰지 않는 거죠?" 아마 하느님도 그분이 주신 선물에 대해 우리를 추궁하고 싶으실 것이다. 주기도문에 있는 "아버지의 뜻이 이루어지소서!"에서의 그 "뜻"이 품고 있는 의미의 한 자락은 나의 재능을 모두 활용하도록 애쓰라는 것이라고 나는 확신한다. 나의 모든 감각 · 정서 · 영혼 · 의지 · 가슴을 가능한 한 충만되게 개발함이 하느님의 뜻임을 나는 안다. "하느님의 영광은 충만되게 살고 있는 사람으로 재현된다."

확신하건대 하느님에 대한 우리의 사랑은 다음의 두 가지를 얼마나 기꺼이 하려는가에 따라 전적으로 달려 있다고 생각한다. 첫번째는 자신을 사랑하는 만큼이나 타인을 사랑하는 것이고, 두번째는 만물 안에 깃든 하느님의 뜻대로 행하는 것이다.

서로 사랑함을 구성하는 세 가지 부분

서로 나눌 것을 요구하는 사랑은 세 부분으로 구성된다고 한다. 그 세 부분은 ① **친절** · ② **격려** · ③ **도전**이다. 사랑의 마음과 영혼만이 사랑하는 이가 이 세 가지 중 언제 무엇을 필요로 하는가를 알아볼 수 있다. 그러나 사랑의 세 가지 부분들은 대체로 주어진 질서에 따라 서로를 기반으로 세워지는 듯하다. 진실로 당신을 사랑하고자 한다면 무엇보다 먼저 나는 내가 당신을 좋아한다는 것, 당신의 편이라는 것을 명확하게 표현해야 한다. "당신을 위한" 존재가 되기 위해 노력한다는 **친절**의 메시지를 보내는 것이다. 내가 당신에게 주는 사랑이 확실시되면 이제 당신 스스로를 신뢰하도록 당신을 **격려**해야 한다. 나에게 기대게 하거나 나의 힘에 의존하도록 내버려 두는 것은 당신을 사랑하는 것이 아니다. 그것은 당신을 언제까지나 나약하고 의존적이게 한다. 나는 당신에게 스스로를 위해 생각하고 선택하도록 독려함으로써 당신의 힘을 활용할 수 있도록 도와야 한다. 이것은 "용기"에 대한 과업이다. 마지막으로 친절과 용기가 제대로 주어진 이후에 나는 당신의 선함과 재능을 쓸모있게 사용하도록 도전해야 한다. 당신은 내가 당신을 좋아한다는 사실을 안다. 내가 당신을 신뢰하고 당신이 그것을 할 수 있다고 확신하고 있음도 안다. 그래서 이렇게 말한다. "하라, 어서 그것을 하라!" **도전**의 순간이 온 것이다.

적절하게도 프롬(Erich Fromm)은 **사랑하는 것**을 **기술**이라고 일컫는다. 과학에서는 이미 나와 있는 정확한 측량과 방향 안내를 토대로 일의 절차를 밟으면 완성에 이를 수 있다. 그러나 사랑에서는 그렇지가 않다. 친절을 베풀 때가 언제인지, 언제 용기가 필요한지, 내가 사랑하는 사람이 언제 도전할 준비가 되어 있는지를 기술적으로 결정해야 한다. 일을 지시하는 지침서가 있는 것도, 명확한 대답이 있는 것도 아니다. 다만 최선의 판단이 있을 뿐이다. 때로 잘못된 판단을 내릴 수도 있다. 하지만 항상 내 실패를 인정할 수 있고 내 판단이 형편없을 때에도 사람들이 나의 선의를 이해하고 받아들일 것이라는 확신이 있다.

진정한 사랑은 무조건적이다

진정한 사랑이 갖추어야 할 덕목 가운데 하나는 그것이 **무조건적**이어야 한다는 것이다. 그러므로 정반대인 조건적인 사랑은 진실된 사랑이 아니라 거래이다. "나는 당신이 … 할 때까지만 당신을 사랑하겠다. …" 그것은 정교한 계약이며 이러한 조건적 "사랑"을 제안받는 사람은 모든 조건을 수행하도록 강요받는다. 공허하고 어리석은 계약을 내건 조건적 사랑은 위협적이다. 한발만 삐끗하더라도 수포로 돌아갈 수 있다. 조건적 사랑은 "좁아빠진" 사랑이다. "당신이 기부금을 내놓는다면 나도 내 몫을 다른 쪽에 내놓겠다. 하지만 속임수에 걸려들지 않기 위해 항상 당신을 지켜보고 있다. 당신이 반밖에 하지 않는다면 나도 반만 하겠다." 물론 그러한 "사랑"은 서로를 기만하는 것이므로 결코 살아남을 수 없다.

세상에 널려 있는 많은 분노가 이런 조건적 사랑의 결과라고 생각한다. 결국 우리는 우리를 조건적으로 "사랑해 온" 누군가에게 분노하게 된다. 이용되었다는 느낌을 떨칠 수 없다. 그래서 이렇게 항변하고 싶다. "당신은 나를 진실로 사랑한 적이 없다. 내 얼굴이 아름다운 동안은 그것을 사랑했다. 나의 깨끗한 옷을 사랑했고 내가 그것을 깨끗하게 간수하도록 요구했다. 높은 성적을 사랑했으며 내가 실패하지 말아야 한다는 점을 분명히했다. 내 능력을 사랑했지 나를 사랑한 것이 결단코 아니었다. 나는 항상 살얼음을 걷고 있었다. 내가 당신의 요구에 미치지 못한다면 당신은 나를 타다 남은 애연가의 담배꽁초처럼 취급할 것이라는 사실을 알고 있다. 당신은 나를 완전히 소모하고 짓누를 것이며 그 이후에는 던져버릴 것이다."

사랑과 불성실

그러므로 사랑은 본질상 무조건적이다. 하지만 내가 누군가를 사랑하고자 하는데 그 사람이 나에게 계속 불성실하다면 어떻게 할 것인가? 무조건적인 사랑은 용서를 되풀이하면서 지속적으로 사랑하는 것인가? 이 물음은 많이 다루어져야 할 좋은 질문인데 대답은 그렇게 간단하지 않다. 사랑은 분명 내가 어리석어지거나 나약해지는 것을 원하지 않는다. 그래서 나는 사랑한다는 것이 무엇을 하는 것이고 무엇이 되어야 하며, 무엇을 말해야 하는 것인지에 대해 — 최선을 다해 — 판단해야 한다. 여기서는 용서가 실질적인 문제가 아니다. 물론 나는 당신을 용서한다. 사랑은 용서에 관한 한 경계를 세워두지 않는다. 그러나 실질적인 문제는 "당신과 나에게 무엇이 최선의 것인가?"이다. 이 질문에 대한 답을 찾아야 하는 것이다.

나를 위한 사랑과 당신을 위한 사랑에 균형을 잡아야 한다. "나의 자기 존중감을 지키면서 동시에 당신에게 도움이 되는 사랑을 위해서는 무엇이 최선의 길인가?"를 물어야 한다. 사랑은 실제로 기술이지 과학이 아니다. 명확하고 분명한 대답이란 없다. 사랑은 우리에게 장미 정원을 약속하지 않는다.

나를 실망시켰다는 이유로 당신을 무시하는 것은 분명히 가볍게 은폐한 조건적 사랑의 한 형태일 것이다. 또한 반복되는 불성실에도 불구하고 계속 신뢰하는 것 역시 당신을 사랑하는 것이 아니다. 그것은 당신을 나약하도록 내버려 둘 뿐이다. 그것은 나의 자기 존중 감까지 손상시키므로 나를 사랑하는 것도 아니다. 그래서 나는 어려운 질문을 스스로에게 던져야만 한다: 모든 상황을 고려해 볼 때 무엇이 당신과 나를 위한 가장 최선의 말이며 행동인가, 그리고 무엇이 되어야 하는가? 어떤 시점에 가서는 나와 관계된 성실과 나를 배제한 불성실 중 하나를 택하라고 당신에게 요구해야만 한다.

사랑에 포함되는 것 …
사랑에서 배제되는 것

때로 사랑이 던지는 질문에 답하기란 참으로 고통스럽다. 먼저 이런 질문을 생각해 본다면 도움이 될 수 있다: 사랑에는 무엇이 포함되며 무엇이 배제되는가? 바울로 성인은 고린토인들에게 보내는 첫째 편지에서 몇 가지 시사점을 주고 있다.

> 사랑은 너그럽습니다. 사랑은 친절합니다.
> 시기하지 아니하고 허세를 부리지 않으며 교만하지 않습니다.
> 사랑은 무례하지 않으며 자기 이익을 찾지 않습니다.
> 사랑은 분통을 터뜨리지 않고 억울한 일을 따지지 않습니다.
> 불의를 기뻐하지 않고 진리를 기뻐합니다.
> 모든 것을 덮어 주고 모든 것을 믿으며
> 모든 것을 바라고 모든 것을 견딥니다. …
> 이제는 믿음, 희망, 사랑, 이 세 가지가 남아 있습니다.
> 그러나 그중에 가장 위대한 것은 사랑입니다.
> (1고린 13,4-7.13).

내가 만들어 본 목록은 이런 것이다:

84 ④

사랑은 이렇게 한다

당신이 어디에 있든 당신을 받아들인다.

당신의 선함과 재능을 긍정한다.

당신을 좋아하며, 당신이 무엇을 승낙하는지를 알고자 한다.

당신이 할 수 있는 모든 것이 되도록 자신에게 도전한다.

당신이란 존재가 어떤 의미인지 공감하고 안다.

당신 스스로를 신뢰하라고 용기를 준다.

당신을 대하는 방식이 부드럽고 상냥하다.

신의를 지킨다 — 당신의 비밀은 지켜질 것이다.

친절하다 — 항상 당신을 위하며 당신 편이다.

당신과 더불어, 당신을 비웃는 일은 없이, 많이 웃는다.

당신 안에 있는 선함을 찾고 발견한다.

당신이 당신임을 기쁘게 느끼도록 한다.

당신의 어리석은 허영이나 인간적 단점을 눈감아 준다.

사랑은 이렇게 하지 않는다

당신을 학대하거나 하찮게 대하지 않는다.

다른 장단에 맞추어 행진하도록 강요하지 않는다.

당신을 비난하지 않으며, 화가 났다고 악담을 내뱉지 않는다.

분노나 고함, 눈물로 당신을 들볶지 않는다.

승패가 달린 논쟁으로 당신을 끌어들이지 않는다.

당신이 청하지도 않는 조언을 하려 들지 않는다.

당신을 판단하거나 "당신 문제는 …" 어쩌고 하지 않는다.

겸손의 미덕을 부린답시고 당신을 마냥 참아주지만은 않는다.

당신을 의심하여 꼬치꼬치 확인하려 들지 않는다.

항상 옳아야 한다거나 모든 답을 쥐고 있으려고 하지 않는다.

토라지거나 말하기를 거부하지 않는다.

당신이 잘못되었다고 사법적으로 단죄하지 않는다.

당신이 잘못했던 모든 것들을 죄다 기억하려 들지 않는다.

당신의 욕구와 성장을 위해 기도한다.

다른 이들이 알아채지 못한 당신 안의 좋은 점들을 본다.

자기를 드러냄으로써 당신과 더불어 사랑을 공유한다.

당신을 옹호할 누군가가 필요할 때 당신의 대변인이 된다.

당신과 맞서는 때일지라도 재치가 있다.

사랑의 행동 자체를 위하여 책임을 진다.

항상 당신에게 솔직하게 진실을 말한다.

당신과 당신의 욕구에 대하여 생각한다.

당신의 욕구에 따라 거칠어지기도 하고 부드러워지기도 한다.

당신의 우울을 이해하며 당신이 "저조"할 수도 있도록 허용한다.

사랑 그 자체를 추구하거나 주의를 구하지 않는다.

당신의 위치를 인식하게 하려고 과시하지 않는다.

당신 자신에 대한 신뢰를 손상시키지 않는다.

나의 목적을 위해 당신을 이용하고는 저버리지 않는다.

쓰레기더미처럼 나의 감정을 당신에게 던져 버리지 않는다.

당신이 사랑의 요구에 맞지 않게 행동했다는 이유로 당신을 무시하지 않는다.

(여기 적힌 사항들은 당신이 품고 있는 생각들을 자라게 하기 위한 것이다. 자유롭게 첨가하고 발췌·편집·차용하라. 당신의 목록이야말로 당신에게 가장 의미있을 것이다.)

항상 유용한 두 가지 선물

사랑이 던지는 고통스런 질문 중의 하나는 "내가 사랑하는 당신이 무엇을 원하는가"라는 것이다. 그에 대한 대답은 당신의 삶이 처한 상황이나 기분에 좌우되므로 매일매일 바뀔 것이다. 그러나 항상 유용한 두 가지 선물이 있는 듯하다. **정직한 자기 개방과 진지한 긍정**이 그것이다. 개방되어 완전히 정직하게 된다 함은 다른 이에게 친절한 호의를 건네는 것과 같다. "어서 와서 마음을 편히 놓으시오." 우리들은 타인들이 어떻게 생각할 것인가를 염두에 두면서 자신을 개방하는 것에 대한 대가를 두려워한다. 타인들은 우리의 개방을 악의적으로 이용할 수 있다. 그래서 우리는 "좋은 울타리가 좋은 이웃을 만든다"는 전제 아래 자기 방어의 벽을 세우고 두려움을 합리화하고자 한다.

어떤 사람이 그의 상담자에게, 아내에게 자신의 느낌을 말하지 않았는데 그 이유는 그녀가 "최근 우울해하고 있으니 슬픔을 더해 주고 싶지 않다"고 생각했기 때문이라고 말했다. 일주일 후 그는 "이번 주에는 그녀의 기분이 정말 좋아 보여서 그녀를 화나게 할지도 모를 어떤 것도 말하고 싶지 않아서" 역시 그의 기분을 말하지 않았노라고 말했다. 상담자는 이 가여운 사람의 문제와 정면으로 맞섰다. "여기에 당신의 문제가 있군요. 당신은 부인에게 당신의 느낌을 말하는 것에 대해 근본적인 두려움을 가지고 있는 듯합니다. 그 굴레에서 벗어나기 위해 당신은 댈 수 있는 온갖 변명을 다 가져다 붙이고 있습니다."

사랑은 정직하고 개방되어 있으며 친절하고 재기에 넘친다. 하지만 밤에 항해하는 배처럼 비참한 운명을 맞을 수도 있다. 서로 공격하고 부순다면 역시 비참하게 될 것이다. 진정한 대화는 이런 사랑의 관계를 성공적으로 이끄는 비결이다(나는 심리 치료요법가인 로레타 브래디와 함께 성공적인 대화를 위해 도움이 될 만한 지침들을 제시하고자 했다: 『대화 길잡이 25』, 분도출판사).

항시 유용한 두번째 사랑의 선물은 **진지한 긍정**이다. 긍정은 내가 다른 사람을 그가 자신의 선함과 재능을 올바르게 평가할 수 있도록 도와 주는 행위이다. 인간으로서 그들의 가치를 긍정하는 것이다. 자신의 감성을 기쁘게 수용하는 것이 진정한 행복에 반드시 필요한 것이라고 훈련 ①에서 말한 바 있다. 그러나 어느 누구도 타인으로부터 받는 긍정 없이는 자신을 기쁘게 수용하는 이러한 내밀한 즐거움을 지속시킬 수 없다. 내 강의를 듣는 사람들이 끊임없이 나에게 다른 시각을 제시하지 않는다면 나는 좋은 선생이라고 할 수가 없다. 대부분의 사람들은 자신의 부적절성에 대한 두려움을 안은 채 두터운 벽과 가면 뒤에 자신을 감금시킨다. 그런 이유로 타인으로부터 자신의 고유한 가치를 인정받지 못하면 어느 누구도 자신을 가치 있다고 여기지 못한다. 진정한 긍정을 받을 때 사람들은 시들해진 꽃이 막 물을 머금고 생기를 되찾게 된 것처럼 활기를 얻는다. 사랑이 가장 크게 공헌하는 바는 바로 진정한 긍정이라고 나는 오래 전부터 생각해 오고 있다. 그것은 삶을 바꾼다. 세상을 바꾸는 것이다.

유머리스트인 버취왈드(Art Buchwald)가 쓴 「내 친구, 택시기사와 뉴욕」이라는, 긍정에 관한 글이 떠오른다. 아트의 친구는 뉴욕을 시발로 세상을 바꾸겠다고 결심한 듯했다. 그 방법은 간단했는데 바로 **찬사**와 **긍정**이었다. 이후 한번은 아트와 친구가 난폭한 택시를 타게 되었는데 그 친구가 택시기사에게 이렇게 말하는 것이었다. "제가 보아 온 기사들 중에서 당신은 가장 훌륭한 분이군요. 차에 한번만 더 페인트 칠을 했더라면 당신은 저런 다른 차들보다 대여섯 배는 높은 요금을 받을 수 있었겠습니다. 당신이 그러지 않으셨으니 저는 오히려 당신에게 감사하군요." 물론 택시기사는 이 말에 놀라서 물었다. "당신, 무엇하는 사람인데 그런 농담이오?" 그는 진담임을 강조했고 기사는 호탕하게 웃으면서 차를 몰았다. 또 한번은 버취왈드가 친구와 함께 길을 걷고 있었는데 그 친구가 지나가는 여인에게 윙크를 하는 것이었다. 왜 그러느냐고 아트가 묻자 그 친구는 이렇게 대꾸했다. "이것도 프로그램의 일종이라네. 가령 저 여인이 교사라면 오늘 그녀가 담당한 학급은 신나는 날이 될 테니까."

물론 사람들은 가장된 긍정을 곧장 알아채므로 우리가 제안하는 긍정은 정직하고 진실된 것이어야만 한다. 여전히 우리는 우리가 추구하고 있는 것이 무엇인지를 찾고 있다. 우리 주변에는 많은 선함과 재능들이 있다. 이러한 선함과 재능의 대부분은 거의 알려지지 않은 채 간과되고 있다. 자신을 알아보는 눈과 확신을 줄 수 있는 태도를 기대하면서 절망적으로 절규하고 있을지도 모른다.

사랑을 막는 큰 벽이 되는 고통

낙태를 생각하는 한 여성이 나를 찾아온 적이 있다. 그녀는 임신 3개월째였다. 나는 그녀에게 태어나지 않은 아기의 상태를 설명해 주었다. 아이의 뇌파가 어떻게 작동하며 심장의 박동 또한 어떠한지를. 3개월째에는 모든 신체 조직들이 다 작동하게 되는 것이다. "만약 아기에게 삶의 기회를 준다면"이라는 조건을 내걸고 그녀에게 필요한 모든 도움을 주겠노라고 약속했다. 나는 그때 그녀가 아래로 떨구었던 고개를 들어 뭔가를 묻는 표정으로 나를 보던 그 장면을 똑똑히 기억한다. 그녀는 내가 생각했던 바로 그 질문을 던졌다. "당신은 저의 아기를 사랑하시는군요. 그런데 저 또한 사랑하시는가요?" 섬광처럼 어떤 깨달음이 왔다. 누군가 그녀를 사랑하고 염려하지 않는다면 그녀 역시 태어나지 않은 아이에게 줄 사랑을 가질 수는 없다. 고통과 두려움이 그녀에게서 다른 이를 사랑할 능력을 앗아가는 것이다.

그 여성을 생각할 때마다, 나는 심리요법 치료가인 친구와 나누었던 대화를 떠올린다. 나는 우리들이 사랑하기가 그렇게 어려운 이유가 무엇인지를 물었다. 그는 멋진 여성들에게만 보내는 그만의 미소를 내게 보내며 우선 인간이 신체적으로 성장하게끔 만들어진 것과 마찬가지로 사랑하도록 만들어졌다는 나의 의견에 동의했다. 그러나 어떤 질병에 의해 신체의 성장이 중단되는 것과 마찬가지로, 사랑의 성장을 막는 결정적인 장애 또한 있는 것이라고 그는 설명했다. "치통을 앓아 본 적이 있지?" 그렇다고 답했다. "이빨이 아플 때 자네는 누구를 생각하는가?" "나 자신만을 생각하지." "대답은 거기에 있네." 그는 계속했다. "고통은 모든 주의력을 고통 자체에게로, 우리 자신에게로 쏠리게 하지. 신체의 고통, 걱정, 실패, 슬픔이나 가책 — 이 모든 것은 고통스러운 것이고, 그만큼 우리에게서 사랑할 수 있는 능력을 거두어 가버리지. 고통이 삶을 지배할 때면 대개 그 사람은 매우 독선적이 되기가 쉽다네."

삶을 사랑의 행위로 만들고자 할 때 가장 넘기기 힘든 고비는 고통의 시기 동안이다. 고통은 우리의 모든 주의력을 유인하고 모든 에너지를 흡입하는 듯하다. 사랑을 위해 남겨지는 여분은 없다. 우물은 말라버린다. 고통중에 있는 대부분의 사람들은 "나는 고통스럽다"라는 한 가지 사실만을 안다. 고통이 스스로 물러날 때까지 충분히 오랜 시간 동안 고통을 참고 잘 견디어 낸다면 우리는 자신과 타인들을 다시 사랑할 수 있게 될 것이다. 또한 이 말을 이해하는 것도 도움이 될 것이다. 악마를 부르는 것은 적어도 그 악마를 성공적으로 처치할 수 있는 첫 단계이다.

고질적인 불행은 사랑에 실패했음의 다른 이름

"대부분의 고질적인 불행의 원천은 사랑의 실패이다." 위대한 심리학자들 — 프로이트, 아들러, 융, 프랭클 — 이 이렇게 말했다. 그런데 분명 이 말은 실패를 비난해야 한다는 의미가 아니다. 유년시절의 프로그래밍과 경험이 나 자신, 내 이웃 혹은 하느님을 사랑하지 못하게 할지도 모른다. 내 과거 프로그래밍과 경험들이 무의식적으로 행동화할 수도 있다. 이럴 경우 타인들 혹은 유년기 삶의 정황들로부터 받아들인 메시지들 때문에 사랑에 실패할 수도 있다.

물론 우리는 인간의 책임성을 판단할 수 없다. 그러므로 만약 어떤 사람이 그 자신을 사랑하지 않는다면 전에 불행한 일이 있었다고 말할 수 있다. 혹은 최근의 혼란스러운 프로그래밍 때문에 진실되게 타인을 사랑하지 못할지도 모른다. 이러한 조건이 한 가지라도 건재하는 한, 행복에 대한 어떠한 희망도 품을 수 없다. 그러한 사람들은 단 한 명의 인구로 구성된 우울하고 황폐한 세상을 살아간다. 사랑이신 하느님과 사랑의 관계를 맺지 않는다면 인간의 영혼은 박제될 것이다. 프랑스 작가 블로와(Leon Bloy)가 말했듯이 "성인(聖人)만이 진실로 행복하다".

사랑, 그리고 삶의 실험실

한때 나는 어떤 사람을 몹시 싫어했다. 그는 나의 즐거움에 초를 치는 작자였다. 그 사람이 내 삶의 무대에서 사라지고 난 한참 후 놀라운 기억이 되살아났다. 그래서 무엇인가 나를 괴롭히는 게 있다면 불행의 원인을 충분히 탐색하지 않은 것이라고 주장하는 한 심리학자 친구의 방문을 받고 몹시 기뻤다. 그는 어떤 일에 있어 당황하고 있는 원인은 당신이 생각하고 있는 그 이유 때문이 아니며, 만약 그 이유 때문이라면 그처럼 당황하지 않을 것이라고 늘 내게 말했었다. 나는 그에게 나의 문제에 대해 이야기했고 그는 내게 내가 당황하는 본질적인 이유를 알아보자고 제안했다. 그래서 우리는 그의 테스트를 시도하기로 했다. 먼저 눈을 감고 긴장을 풀었다. 그런 다음 내 머리에서 모든 것을 "끄집어내서" 상상의 문을 열고 들어갔다. 나는 문제의 한 인간과 나의 당황스러웠던 기억들만을 인도하여 그 문 뒤에 있는 어느 방으로 가게 했다. 곧 내 몸이 반응을 일으켰고 그 방향을 따라 나는 나의 신체적인 반응과 대화했다. 나는 도대체 어떤 정서를 깊숙히 침잠시켰길래 그 대답이 신체적인 반응으로밖에 되돌아오지 않는 것인가? 결국 내가 느꼈던 것은 분노가 아니라 죄의식이었다. 어깨가 들썩이고 위안의 한숨소리가 입술에서 새어나오자 심리학자인 친구는 내가 당황했던 원인을 자각했음을 알아차렸다.

이 테스트를 통해 알아낸 것은, 나의 내면적 불안의 이유는 내가 그 사람을 사랑하지도 않으면서 그에게 노여워하기만 했다는 사실이었다. 나는 그에게 미안하게 느끼거나 혹은 어떻게 내가 그를 도울 수 있겠는가라고 자문해 본 적이 없었다. 나는 밉살스런 사람들도 자신에 대해서 고통을 안고 살아가고 있다는 사실을 내면 깊숙한 곳에 감추고 그의 고통에 전혀 연민을 느끼지 않았다. 나는 이런 나를 향하여 화를 내느라고 온갖 에너지를 쏟았다. 하지만 나는 배워가는 중이다. 이제야 분노가 속박의 한 형태임을 알 수 있다. 삶을 사랑의 행위로 만들기 위해 치러야 할 대가는 오랜 습관과 가치들의 상당량을 파기하는 것이다. 이것은 어려운 일이지만 그렇게 하지 않을 때 남은 삶은 불행의 인생 — 그리고 노년의 고독, 그것이다.

사 랑:
우리에게 주신 하느님의 선물,
하느님께 드리는 우리의 선물

하느님과 사랑에 관하여 말하고 싶은 것이 두 가지 있다. 다원화된 사회 속에서 내가 던진 이 명제는 갑론을박으로 이어질 것이다. 하지만 사랑하는 삶에 대한 이러한 논의들은 다음의 두 가지를 합의하지 않고서는 완결될 수 없을 것이다. 이 두 가지는 나의 신념이기도 하다: ① 사랑은 하느님이 주시는 선물이다. ② 우리가 사랑할 때 하느님은 역사하신다.

사랑은 실로 하느님의 선물이다.

나는 성서가 하느님의 말씀임을 믿는다. 그래서 우리가 묻고 있는 것과 같은 질문들에 답하기 위하여 성서를 찾는다. 성서를 통해서 언제나 명백한 대답을 얻을 수 있었다. 사실 사랑은 하느님이 주시는 선물이다. 바울로 성인은 하느님이 주시는 세 가지 선물에 대하여 이야기하고 있다. 그것은 믿음과 소망, 사랑이다. 이중에서도 가장 큰 선물은 사랑이라고 한다. 하느님이 주시는 선물은 다양하면서도 많지만 무엇보다 우리가 갈구할 것은 사랑이라는 선물이라고 바울로는 설파한다(1고린 13-14장).

요한 성인은 더 명확한 어조로 말한다. 그의 이 말은 단순명료하기까지 하다: "사랑하는 여러분, 서로 사랑합시다. 사실 사랑은 하느님으로부터 오고 사랑하는 모든 이는 하느님에게서 났고 하느님을 알기 때문입니다"(1요한 4,7).

사랑이 하느님의 선물이라면 "하느님을 믿지 않는 비신자는 진실한 사랑을 할 수 없다는 것인가?"라고 묻고 싶을 것이다. 이 질문에 적절히 응하려면 더 많은 지면과 시간이 요구된다. 하지만 간단히 말해 보자: 물론 비신자도 사랑할 수 있다. 하느님은 당신을 믿지 않는 자들도 신뢰하신다. 때로는 우리에게 사랑할 힘은 주시면서 신앙이라는 선물은 빼놓으신다. 하느님은 비신자들로 하여금 사랑의 선택에서 눈을 뜨게 하시며 사랑의 서약에서 힘을 주신다. 대신학자 라너(Karl Rahner)는 이들을 "익명의 그리스도인들"이라고 불렀다. 토마스 아퀴나스도 이렇게 주장한다. "하느님은 당신과 거룩하게 유대하는 이들에게만 선물을 주는 데서 그치실 분이 아니다."

예수의 말씀을 풀어보자면 이러하다. "하느님은 믿는 이나 믿지 않는 이를 구분하지 않고 그들의 곡식에 고루 비가 내리도록 하신다. 하느님은 믿는 이나 믿지 않는 이를 구분하지 않고 그들의 들판에 햇살이 고루 퍼지도록 하신다."

이것이 사실이라면 신앙의 가치란 도대체 무엇인가? 믿는 이들에게 있어 신앙은 하느님과 우리가 사랑으로 이어지도록 우리를 개방하는 것이다. 신앙은 선물이 어디에서 유래하는지를 알게 하고 물론 더 많은 선물을 안겨주기도 한다. 우리는 그 예를 하혈하는 여인의 이야기에서 배운 바 있다. 예수는 이 여인과 다른 많은 사람들에게 기적을 행하시면서 "너의 믿음이 너를 살렸다"라고 하신다. 기적이 기적으로 여겨지지 않는다면 하느님께서 기적을 행하시는 의미는 없다. 기적을 알아보려면 신앙을 가져야만 할 것이라고 나는 확신한다. 예수는 주변 사람들에게서 신앙이 보이지 않을 때 기적을 행하지 않으셨다. 하느님의 권능은 전기 코드에 비유할 만하다. 가진 힘은 무한하지만 우리가 거기에 연결되어 있지 않다면 소용이 없다. 연결이 바로 신앙이다. 신앙은 하느님의 권능을 드러낸다.

사랑이 하느님으로부터 오는 선물임을 아는 것은 이런 의미에서 중요하다: 사랑이 우리의 능력을 사용함으로써 얻어지는 그 무엇이 아니라 하느님으로부터 오는 것임을 알 때 우리는 이 선물을 더 깊은 확신 속에서 받아들일 수 있다. 우리들 대부분은 사랑의 관계에 대한 우리의 보잘것없는 신앙부터 고백해야 한다. 그렇게 하고 나면 자기 절망이라고 불리는 순간을 맞게 된다. "나 혼자서는 사랑할 수 없다"는 사실을 인정하는 순간이다. 하지만 하느님을 이해하게 되므로 그분의 권능과 오묘한 뜻 안으로 내 삶의 방향을 돌릴 수 있고 또 그래야만 한다. 당신의 사랑에 다다를 수 있는 다리를 놓아주십사, 나의 우물을 가득 채워 목마른 자에게 한 모금의 물을 줄 수 있게 하십사고 하느님께 간청해야 한다.

우리가 사랑할 때 하느님이 역사하신다.

이 명제는 내가 하느님과 사랑에 대해 이야기할 두번째의 것이다. 사랑할 때 하느님이 역사하심을 처음부터 믿어 왔던 것은 아니다.

하지만 이제는 그렇다. 나는 행동이 사태를 변화시킨다고 생각해 왔다. 내가 진실을 지키고 허기진 이를 배불리 먹이며, 내 귀를 간질이던 속삭임을 공개적으로 외친다면 사태는 변할 것이다. 나의 진실과 열정, 미덕이 세상 전체를 뒤덮을 것이다. 이것은 내가 하느님이 되는 데 열중했던 "구세주 증후군 시기"에 품었던 생각이다. 이제 나는 우리가 사랑할 때 하느님의 은총이 그 사랑을 통해 세상 안으로 흘러들어 온다는 것, 세상을 치유한다는 것, 비틀린 곳을 곧게 세우며 상처를 꿰매고 어둠을 밝힌다는 것을 더 명료하게 알게 되었다. 우리는 하느님의 도구일 뿐이다.

당신과 내가 사랑의 은총을 받아들이고 함께 그것을 활용할 때 하느님이 역사하실 조건을 수행하는 것이라고 나는 확신한다. 사랑은 하느님의 치유와 도움의 손길이 널리 닿도록 하는 통로이다. 이것이야말로 사랑의 본질이다. 우리들은 대부분 거창한 재능이 없지만 위대한 사랑으로 하느님과 함께할 수도, 그분의 은총을 전할 수도 있다. 아이들 뒷바라지에 바쁜 사랑하는 어머니, 오지의 수도원에서 기도에 전념하는 침묵의 수도승, 포부가 없는 늙은이, 여드름을 고민하는 사춘기 청소년, 이들 모두 사랑의 선물을 실천하기로 수락할 수 있고 실천할 수 있다. 그들이 그렇게 할 때 하느님은 역사하신다. 사랑하는 사람들이 있으므로 하느님은 이 세상을 바꾸실 것이다.

우리는 정말로 모두를, 심지어 원수까지 사랑할 수 있는가?

사랑의 삶에 대한 나의 이 주장을 15명의 다른 이들이 반박하며 논쟁하던 때가 생각난다. 분명히 그들은 내가 주장했던 것을 믿지 않았다. 그날 밤 나는 흐름을 거슬러올라가면서 수영을 하는 기분이었다. 나와 반대 주장을 했던 친구들 역시 울분을 토해 냈다. 대부분의 사람들은 싸울 태세가 된 공격적인 심적 상태에 빠지기 쉽다. 우리에게 거짓말을 하고 그들의 말을 위장하며, 진실을 왜곡하고 사실을 꾸며대는 사람들에 대해 넌더리가 나며, 그들을 미워하고 싸우고 싶어한다. 나의 친구들은 이런 충동을 강하게 표현했다. 그들은 하나씩하나씩 실례를 — 완전히 희망이 없는 유형들을 열거했다. 그들의 결론은 다음과 같다: "몇몇 사람은 도저히 사랑할 수 없다." 은밀히 말해서 나는 그들이 **좋아한다**(like)와 **사랑한다**(love)를 혼동하고 있다고 생각한다. 그리고 나는 사랑에 대한 나의 생각과 여러 가지 형태에 대해 그들에게 규정짓지 않았다.

우리는 "싸우거나 회피하는" 경향이 있음에도 불구하고 사랑하라고 명령받는다. 사소한 말다툼에도 불구하고 높이 솟은 그리스도 영상은 우리의 삶과 모든 인간 역사를 감독한다. 하느님은 "친구만 사랑하느냐? 그만큼은 이교도들도 한다. 나는 네가 원수까지도 사랑하기 바란다"고 말씀하신다. 때때로 우리가 어려운 문제와 사랑의 삶에 대한 결말에 직면하는 이와 같은 때가 있다. 서서히 우리는 이러한 류의 사랑만이 하느님의 영광 혹은 은총이 될 수 있다고 믿게 된다. 하느님이 우리를 기꺼이 돕고 우리에게 권능을 주지 않는다면 그는 우리가 좋아하지 않는 사람들까지 사랑하라고 요구할 수는 없었을 것이다. 그러므로 우리는 서서히 우리의 사랑이 하느님의 은총이며 동시에 하느님의 행동에 대한 조건이 되기도 한다고 믿게 된다. "이것이 내가 너희에게 명령하는 전부이다. … 그 나머지는 내가 할 것이다."

중요한 질문:
사랑은 우리를 행복하게 하는가?

마지막 만찬에서 예수는 사도들의 발을 씻길 준비가 되어 있다. 알다시피 이 시절에는 주인이 손님을 존중하고자 하여 발을 씻기는 풍습이 있었다. 베드로가 "주님, 주님이 **제** 발을 씻으시다니요?" 하고 사양한 다음, 예수는 당신이 늘 설명하고 삶에 실천해 오신 진리에 대해 말씀하신다. 또한 모든 그리스도인들이 자신의 삶을 사랑의 행위로 만들어야 한다고 분명히 설명하신다. 그는 당신이 구세주이심을 아셨으며 대접받으러 온 게 아니라 대접하러 오셨다고 한다. 사도들에게 모든 권위를 사랑의 봉사로 받아들이는 것이 얼마나 중요한 것인가에 대하여도 설명하신다. 그런 다음 예수는 베드로에게 이렇게 말씀하신다: "내가 당신을 씻기지 않는다면 당신은 나와 같은 몫을 얻지 못할 것입니다." 베드로는 그 말씀을 이해하는 것과는 상관없이 자기 손과 발을 모두 씻어 달라고 말한다. 요한에 의하면 예수는 이런 말로 마무리지으신다:

> 이것을 알고 그대로 행하면
> 여러분은 **복됩니다**(요한 13,17).

행복이 사랑의 부산물일 따름이라는 것은 체험하지 않고서는 알 수 없다. 사랑을 허구라고 생각하려는, 사랑하지 않는 사람들에게는 행복도 지어낸 이야기로 들릴 수밖에 없다. 사랑의 행위인 삶은 "사랑하라 — 행복하게 될 것이다"라는 전제 위에서 표출된다. 이것 외에 선택할 수 있는 대안은 명확하다. 사랑의 삶이 허구라면 그 반대의 삶은 악몽이다.

사랑하지 않는 사람들은 어느 누구에 대해서도 배려하지 않는다. 그들은 원한을 기억의 창고에 잘 배열하여 저장하고 있다. 다른 이들을 신뢰하지도 않는다. 그들은 일련의 가면들 뒤에서 안전하다고 느낀다. 상황이나 사람들에 따라 어떤 가면을 쓰는지가 결정된다. 그들은 벽이 다리보다 더 안전하다고 변명한다. 그들이 마련한 의혹의 시험을 통과하는 사람은 있을 수 없다. 자신과의 관계에만 돌입

하려는 이들은 그렇게 조심스럽고 어리석거나 독선적이다. 그것은 감금된 삶이다. 입구가 닫힌 새장이다. 종종 몹시 고통스런 외로움이 휩쓸기도 한다. 그러므로 늘상 따라다니는 것은 흥분과 자극과 같은 기분전환이다. 그러면서 그들은 이렇게 물을 따름이다. "다른 무엇이 있단 말인가?"

사랑은 우리를 자유롭게 하는 진리이다

내 삶에 코페르니쿠스적 전환을 가져온 계기가 된 경험을 이야기하고자 한다. 이때 나는 사랑이 담고 있는 해방의 영향력을 알 수 있게 되었다.

세 사람의 토론자로 구성된 대담에서 나는 마지막 발언 주자였다. 그때 나는 같은 신앙 공동체인 청중들을 감동시키고 싶은 마음이 간절했다. 그들은 내가 연설하는 것을 본 적이 없는 사람들이었으며 나는 그들이 어떤 심적 동요를 겪게 되는지에 대하여 알려주고 싶었다. 알다시피 나는 청산유수형이어서 연설을 할 때에도 좀처럼 긴장하지 않는다. 하지만 그날 밤은 입이 마르고 손이 차가워졌다. 긴장한 것이다. 예정된 영광의 순간을 앉아 기다리면서 나는 조용히 기도를 올렸다. 그러나 아무런 반응이 없이 여전히 긴장한 채였다.

나는 그의 이름으로 요청하는 것이면 무엇이든 다 들어주겠다던 주의 약속을 떠올리면서 기도를 다시 드렸다. 하지만 그날 밤에 그 약속은 먹혀들지 않았다. 입술이 여전히 타들어갔으며 손도 싸늘한 그대로였다. 그때 옛날 한 영성의 대가가 던졌던 충고가 기억이 났다. "하느님께 같은 질문을 계속 던지는데도 대답을 얻지 못한다면 다른 질문을 던져 보라." 나는 이렇게 질문을 바꿨다. "왜 제가 이렇게 긴장하는 겁니까? 왜 당신은 아무것도 하시려 들지 않으십니까? 당신은 저에게 무언가를 말하려고 애쓰시는 중인가요?"

지금은 하느님이 우리와 더불어 상호 작용하시고 교통하시는 사랑의 하느님임을 믿는 데 별 어려움이 없다. 사실 내가 믿는 분은 오직 하느님 한 분이시다. 어쨌든 그날 밤 120명의 예수회 형제들 앞에 앉아서 나는 하느님께서 나에게 말씀하심을 알았다. 그것은 하느님의 은총이었다.

나는 내면 깊은 곳에서 이렇게 말하는 것을 들었다:

> 너는 다른 성취를 하려고 하는구나. 나는 너에게서 다른 성취를 바라지 않는다. 다만 사랑의 행위만을 바란다. 너는 너의 형제들을 대상으로 성취하려고 한다. 그래서 그들로 하여금 네가 얼마나 근사한 인간인가를 알게 하려 한다. 그들은 그것을 필요로 하는 게 아니다. 그들은 그들에 대한 너의 사랑을 필요로 한다. 너의 사랑으로 인해 자신이 얼마나 근사한 인간들인가를 알게 될 것이다.

나는 이 메시지가 나의 창작물이 아님을 안다. 그것은 하느님으로부터 왔으며 나를 바꾸고 내 삶을 바꾸었다. 그 말씀을 들은 후 나는 공동체의 성원들을 살펴보았다. 사목에서 은퇴하고 죽음이라는 위대한 은퇴를 준비중인 나이드신 분들을 보았다. 나는 더 젊고 활기에 넘쳤으므로 이렇게 자문했다. "늙는다는 것은 어떤 것인가? 삶이 쏜살같이 지나가 버렸을 때의 느낌은 어떠할까? 아무도 당신에게 안부를 물으려고 잠시도 멈추지 않는다면 어떤 기분이 들까?" 그 다음에 나는 만성질환을 앓는 이들을 보았다. 그들은 위궤양으로 혹은 관절염으로 인한 통증과 더불어 매일 잠에서 깨어난다. 삶의 대부분을 건강하게 살아온 나는 이렇게 자문했다. "매순간마다 통증을 느낀다는 것은 어떤 느낌인가? 잠자리에 들면서나 아침에 깨면서 항시 고통과 함께인 상태는 또한 어떤 느낌을 주는가?"

그 다음에 나는 알코올 중독자 집단의 일원인 우리 성원 몇 명을 보았다. "중독되어 산다는 건 무엇일까? 매일의 순간을 맨정신으로 있으려고 분투하는 것은 어떤 느낌일까? 모임에서 자신의 이름은 아무개고 알코올 중독자라고 밝히는 기분은 어떠할까?" 또 자신의 일에 성공하지 못한 이들을 보았다. 정직하게 말하자면 옛날 내가 꿈꾸었던 가장 화려한 모습보다 오히려 더한 성공을 하느님은 내게 선사하셨다. "실패는 어떤 기분을 안겨 주나?" 나는 덜 성공한 동료들에게 조용히 물었다. "당신은 다른 이의 성공에 분노를 느끼거나 질투하는가? 당신은 왜 당신에게는 모든 것이 엉망인데 다른 이들의 일은 잘 돌아가는지 의아해하지 않는가?"

타인의 신발을 신고 일 마일을 걷는 것은 쉬운 일이 아니다. 그것은 공감이라는 미덕의 일이다. 공감은 타인을 사랑하기 위해 울려야 할 본질적인 서곡이다. 공감한다고 생각하면서 이런 질문을 퍼붓고 나자 나는 또 이것이 이 사람들에게 감명을 주고 싶다는 독선적인 욕구에서 나온 것임을 알고 부끄러워졌다. 난 내가 얼마나 괜찮은 인간인가를 보여주기 위한 은총을 구하는 기도를 해왔다. 그들을 사랑할 수 있는 은총을 달라고 기도했어야 했는데 말이다.

하지만 하느님은 그날 밤 나를 그냥 스쳐 지나가시지 않았다. 가수이자 연예가인 마틴(Mary Martin)과 관련하여 또 다른 은총의 순간이 생각난다. 누군가 그녀에 대하여 이런 말을 했다. "마틴이 진행하는 쇼의 청중이 되는 것도 어렵겠지만 그녀가 청중을 향해 가지는 사랑보다 청중이 그녀를 향해 가지는 사랑이 더 크다고 상상하는 것도 어렵다." 무대 커튼을 통해 청중을 먼저 보고 난 후 "사랑해요! 사랑해요! 사랑해요!"라고 속삭이고서야 무대에 서는 사람이 바로 마틴이다. 마틴은 당신이 진실로 사랑한다면 긴장할 수가 없다고 주장한다. 긴장을 하는 유일한 이유는 자기를 의식하기 때문이라고 그녀는 말한다. "내가 어떻게 하고 있는 거지?"라고 물을 때 긴장하게 된다. "당신은 어떻게 하고 있지?"라고 묻는다면 긴장할 수가 없다. 이 마지막 질문은 스스로에게 고착되는 태도를 무너뜨린다.

그래서 나는 기억에도 생생한 그날 밤 내 공동체를 보면서 숨죽여 약속했다. "전에 내가 진실로 당신을 사랑했는지 어떤지 확신이 서질 않는군요. 하지만 이제 당신을 사랑할 겁니다, 사랑할 겁니다, 사랑할 것입니다." 마치 마술 지팡이가 내 머리를 스친 듯 모든 신경질적인 예민함과 긴장이 사라졌다. 입에는 침이 돌고 손가락 끝으로 피가 돌기 시작했다. 이것은 내가 이전에 배운 것이며 자꾸 배워야 할 교훈이다. 언젠가는 그 의미가 완전하게 개방될 것이다. 사랑은 해방이며 삶을 더 쉽게 돌게 하는 윤활유이다. 사랑은 우리 자신에 대해 전념함으로써 가지는 온갖 긴장을 해소한다. 사랑은 우리를 자유롭게 하여 삶의 평화로 우리를 이끈다.

사랑에 관련된 생각의 발전을 위하여

1. "사랑인 것"과 "사랑이 아닌 것"에 대한 자신의 생각을 적어라.
사랑에 포함되어야 할 것과 포함되지 말아야 할 것의 목록을 당신 생각대로 작성하라. 이 목록에 의거하여 당신은 사랑이 무엇을 요구하며 무엇을 요구하지 않는다고 생각하는가?

2. 기록해서 비교하라.
잘 알고 있는 열 사람의 이름을 적어라. 이들이 얼마나 적극적으로 사랑하는가에 따라 순서를 정하라. (당신의 판단으로 봐서) 사랑하는 능력이 가장 우수한 사람을 첫번째에, 가장 열등한 사람을 열번째에 두라. 그 다음에 그들이 얼마나 행복하고 평화로우며 만족스러운가에 따라 순서를 정하라. (당신의 판단으로 봐서) 가장 행복한 사람은 첫번째에, 가장 불행한 사람을 마지막에 두어라.

이제 두 목록을 비교하라. 결론이 어떻게 나왔는가? **가장 행복한**
사람이 **가장 많이 사랑하는** 사람인가? 사랑은 진실로 우리를 행복
하게 하는가? 당신은 어떻게 생각하는가?

3. 공감할 수 있도록 훈련하라.

가족 중 한 사람을 혹은 가까운 친구를 선택하여 그 사람이 된다
는 것이 어떤 느낌인가를 편지로 적어라. 가능한 한 상세히 적어서
그 사람에게 당신의 편지를 건네 주라. 그리고 겸손하게 묻는다. "당
신이 느끼는 것과 내가 느낀 것이 일치하는가, 그렇지 않은가?"

4. 일기에 적어라.

마지막으로 최근에 경험한 문제들을 짧게 일기에 적어라. 오래되
어 익숙한 고민들, 어려운 사람들, 신체의 문제와 건강 문제, 언짢은
의무들 등등. 이 각각의 문제들이 당신의 주의력을 얼마나 끌며 그
래서 사랑의 능력을 얼마나 감소시키는지를 생각해 보라. 당신에게
다른 이들을 위한 여력이 남아 있었는가? 그 문제들이 각각 절정에
달했을 때 당신은 다른 이들에게 어떻게 대했으며 그때 어떤 내면적
갈등을 경험했는가?

이러한 자기 탐구로부터 얻어낸 통찰은 당신 삶에 있어서 타인들
을 이해하는 데 도움이 되는가? 가시적인 고통이든 드러나지 않는
고통이든 고통은 사랑하는 능력을 감퇴시킨다는 것이 사실인가?

❖ 기억하라 ❖

사랑은 기초수학과 같다.
사랑은 사랑되어진 것을 잘 간수하지 못한다.
단지 계속 사랑하며 … 미소지을 뿐이다.

안전지대에서 벗어나
범위를 넓혀야 한다

우리는 모두 순례의 과정에 있는 존재들이다. 우리는 개별적인 박자에 발맞추어 걷고 개별적인 산을 오르며, 우리들만의 것인 운명과 고투할 만큼 용감해야 한다. 나는 나이고 당신은 당신이다. 오래 전부터 있어 탄탄해 보이는 길을 따르는 것이 안전해 보이기도 하고, 무리를 지어 가는 것이 더 안전하게 여겨지기도 한다. 반면 "잘 가지 않는 길"은 위험스러워 보인다. 그러나 우리들 각자 앞에는 개별적이고 사적인 운명으로 인도하는 순례자의 길이 있다. "만인을 위한 단 하나의 길"은 존재하지 않는다. 우리는 그 힘이 엄청나면서도 유일한 잠재력을 선물로 받았다. 그러나 운명과 만나는 과정에서 기회를 포착하려고 위험을 무릅쓰거나, 거부당하고 상처받으면서 녹초가 되거나 좌절해야 한다. 그래서 패배에서 일어나는 법을 배워야 한다. 그것은 매우 거칠고 끔찍하며 모험적이다.

 약속의 땅으로 가는 순례자는 용기있고 매우 거칠어 보이며 또 사실 그렇게 되어야만 한다. 때로 따뜻한 햇살이 비치는 곳을 찾아 그곳에 안주하려는 유혹을 받는 경우도 있다. 비옥한 상상력 덕분에 우리는 수많은 합리화를 일굴 수 있다: "그건 내게 적합하지 않아", "이것으로 족하지", "왜 새로운 걸 시도해야 하지?" 우리는 무수히 많은 좌절의 신호들을 송신한다. 열정의 사람들이 그것을 수신하고 우리를 구출하려고 쇄도할 것이다. 그들은 우리의 있는 그대로를 좋아하며 더 이상의 것은 필요치 않다고 우리의 마음을 달랠 것이다.

그래서 우리는 같은 자리에 안주하는 처지에 놓인다. 항상 해왔던 대로만 하고 행동과 반응은 이미 예견된 그대로 나타난다. 어떤 이들은 우리에게 의존적이 되도록 요구할 것이며, 또 어떤 이들은 우리가 두려움에 마비되었음을 알아볼 것이다. 우리는 정체되고 질식된다. 매일이 어제의 재판이다. 매해가 작년과 다르지 않을 것이다. 우리의 뼈는 조금씩 더 쑤신다. 주름살이 새로 잡힌다. 기력도 점점 쇠퇴한다. 도전이나 변화 없이 살아간다면 우리는 어제의 모습 그대로의 인간으로 남는다.

용어의 정의

우리들은 안전지대에서 안전수칙을 지키면서 대부분의 삶을 보낸다. 그 지역에 있는 한 우리는 안전하게 지낼 수 있다. 우리는 안전지대 내부에 있는 것들에 익숙해져 있으며 그 안에서 쉽게 표현되는 어떤 정서들을 표현함으로써 편안함을 가질 수 있다. 그외의 정서는 안전지대 외부에 있으므로 몹시도 멀어 보인다. 마찬가지로 어떤 행동들은 쉽고 편안하게 나온다. 우리는 뒷짐을 지고서도 그것을 할 수 있다. 그러나 딴 행동들은 우리를 위협하며 생각하는 것만으로도 소름이 돋는다. 우리의 안전지대는 옷차림에까지 영향을 미친다. 일정한 형태와 색상의 옷을 입어야 편하다. 너무 튀거나 지나치게 평범한 옷은 불편하게 한다.

성장을 막는 장애 가운데 하나가 바로 이러한 안전지대를 합리화하는 경향이 있다. 성공적인 합리화는 항상 그럴듯한 말의 포장에서 시작된다. 우리는 적합한 단어를 선택해야 한다. "그건 내게 맞지 않아", "내 스타일이 아니야", "그렇게 하면 편하지 않아"라고 말한다.

가장 성공적인 합리화는 이렇게 말하는 것이다. "할 수 없어."이 말은 끝이 분명하다. "하지 않겠어"라고 말한다면 그 이유를 물을 테니 "할 수 없다"고 말해야만 사람들은 우리를 가만히 내버려 둔다. 당신이 할 수 없다면 할 수 없는 것이다. 안전지대가 얼마나 안락한지를 알고 있는 당신에게 더 이상 할 말이 없다.

안전지대에서 벗어남은 활동 범위를 "넓힘"을 의미한다. 거기에 덧붙여 더욱 중요한 것은 양질의 것이어야 한다는 점이다. **옳고 합리적인** 일을 통해 범위를 넓혀야 하며, 범위를 넓힌답시고 타인을 공개적으로 매도하거나 상처를 주거나 당황하게 해서는 안 된다. 범위의 확장은 올바르고 이성적으로 보이는 어떤 것을 하도록 우리에게 도전하며 두려움으로 둘러졌던 금기의 끈에서 나오도록 도전한다. 가령 많은 사람들 앞에서 연설을 하고 싶지만 너무나 겁이 나서 시도조차 하지 못했다면 이것은 범위를 확장할 좋은 영역이 된다.

모든 성장에는 어떤 종류이든 범위 확장이 포함된다. 변하고자 한다면 새로운 뭔가를 시도해야만 한다. 물론 어색하고 당황스러울 것인데 이는 자기를 인식함으로써 오는 그런 당황스러움보다 정도가 더하다. 하지만 같은 것을 자꾸 시도하다 보면 점점 더 편안해질 것이다. 예전에 안전지대 바깥에 위치했던 것이 이제는 그 안으로 들어온다. 반복되는 이러한 시도는 나를 점점 더 새롭고 넓은 세상으로 부추긴다. 나는 더 자유롭게 되어 드디어 "도전적인 정신력"을 획득하게 된다. 나는 실로 즐거이 새로운 것을 시도하며 나를 삶의 좁디좁은 구석으로 내몰았던 과거의 두려움과 온전치 못하던 금기들이 어리석게 여겨질 것이다. 왜 이빨빠진 동물에 의해 나 자신을 공포로 몰아갔는지에 대하여 의아해할 것이다.

범위 확장은 탄생에 비유할 수 있겠다. 출산을 본 적이 있는가? 막 태어난 아기는 따뜻했던 자궁으로 돌아가고 싶어하는 듯이 보인다. 그러나 자궁은 사실 매우 한정된 곳이다. 아기는 고향이었던 그곳에서 이제는 새 세상, 더 넓은 세상으로 나왔다. 시간이 지나고 약간의 훈련을 거치고 나면 아기는 더 큰 이 세상을 탐구할 수 있을 것이다. 범위를 넓히고자 결심한 이는 이 결심에 힘입어 더 큰 세상으로 인도된다. 더 넓고 더 장엄한 세상을 탐구할 수 있다. 안전지대를 규정하던 속박은 서서히 삶의 충만함과 행복에 그 길을 내어준다.

이제 우리는 새로운 행동 양식에 대하여 **생각할** 수 있다. 가령 스스로를 적임자로 여기는 방법을 배우면 점점 더 어려운 것을 시도하려는 힘이 생긴다. 그런데 범위를 넓히는 일에는 역방향의 과정도 포함된다. 새로운 **사고**방식을 **행동**으로 옮기는 것 또한 범위를 넓히는 일이다. 예를 들면 난 사람들 앞에서 연설할 수 없다고 생각한다. 나 자신에 대한 개념에 이런 능력이 속해 있지 못하다. 어쨌든 "내게 그런 능력이 있다"고 생각해 보지 않았다. 그런데 어느 날 범위를 확장해서 연설을 하고 모든 이들이 나의 연설에 대하여 긍정적으로 평가한다. 나는 연설가로서 자신을 생각하는 방식을 배운다. 나는 나 자신에 대한 사고를 새롭게 실천한다. 우리는 모두 이와 비슷한 경험을 한다. 다른 이의 도움 없이 수영할 수 있었던 때를 기억하는가? "난 수영할 수 있어!" 당신은 세상을 향해 외쳤다. 처음으로 빵을 구웠을 때, 처음으로 홈런을 쳤을 때가 다 동일한 선상에 있다. 당신은 처음으로 무엇인가를 했고 자신에 대한 개념이 변했다. 예전에 할 수 없는 사람이었지만 이제는 할 수 있는 사람으로 자신을 생각하게 되었다! 성공적으로 범위를 확장한 예는 그외에도 많다.

범위 확장에 필요한 영역들

가능성은 그가 살고 싶어하는 세상의 크기만큼 크다. 그런데 우리들이 특별히 생각해야 할 영역들이 있다. 그 첫째는 **감정의 표현**이다. 내부의 감정들을 누르는 것이 자기 파괴적이라는 이야기는 되풀이되어 나왔다. 우리는 그것을 피할 수 없다. 말하지 않는 것이 행동으로 표출되고, 표현하지 않은 감정들이 몸을 통해 두통이나 궤양으로 현실화한다. 구속된 감정은 서서히 독성으로 변하거나 원한으로 축적되거나 화를 낸다. 따라서 감정을 누르며 회피해서는 안 되고 실로 어떻게 느끼는지 다른 이에게 말해야 한다. 이것을 거절하면 불행이며, 이것을 기본으로 감정 표현의 영역에서 범위를 확장하려면 느낌을 성숙하고 올바르게 이성적으로 표현하는 것이 요구된다. 여기에 필요한 기술을 배우려면 대화(훈련 **8**)에 관한 장을 참조하기 바란다. 혹은 더 충분한 학습을 위해서는 『대화 길잡이 25』를 보기 바란다(존 포웰·로레타 브래디 공저, 정홍규 옮김, 분도출판사, 1990).

범위 확장에 적절한 영역은 "늘 하기를 바랐으나 하기가 두려웠던 것"이라는 말에 포괄될 수 있다. 우리는 한때 스타가 되려는 꿈을 꾸었다. 하지만 두려움, 특히 실패에 대한 두려움이 항상 앞길을 방해했다. 물론 두려움은 상당히 주관적이며 개별적이다. 내가 시도하기를 주저했던 어떤 것이 다른 이들에게는 매우 자연스럽고 쉽게 여겨질 수 있다. 여기서 나는 몇 가지 전형적인 도전들을 열거해 보겠다: 연설하는 것, 감사하는 마음을 표현하는 것, 선생님이나 상사의 의견에 동의하지 않는 것, 항해하러 가는 것, 창공을 나는 것, 악기를 배우는 것, 침묵하기가 훨씬 수월할 때 큰 소리로 이야기하는 것, 춤을 배우는 것, 출판사에 격려나 비판의 편지를 쓰는 것 등등. 당신에게 있어 늘 하고 싶으면서도 시도하기 두려웠던 것은 무엇이었나?

범위 확장에 적합한 영역에 속하는 또 하나 분명한 것은 **각자 자신의 진지성** 혹은 **진실성**이다. 그러한 진지성은 우리 내면에 일어나는 것이 무엇인가를 잘 듣고 성숙하게 그것을 정리하기를 요구한다. 내면적으로 확신이 서지 않으면 그 불확실성을 인정하는 일이 필요하다. 어떤 것을 이해하지 못하면 내가 이해하지 못했다고 인정해야만 한다. 뭔가를 하는 데 재능이 있음을 안다면, 그리고 그 재능이 필요하다면 나는 나서서 지원해야 한다. 항상 성숙한 태도로 나의 욕구들을 알리고 다른 이에게 부탁하기를 두려워하지 말아야 하고, 무엇인가가 상처를 준다면 "아이고"라고 말해야 한다. 이렇게 될 때 마침내 나는 가면과 가장의 레파토리들을 철회하여 정직해질 것이고 개방되고 진실하게 될 것이다! 진실하지 않다면 나는 아무것도 아니다. 이것은 스스로 결정한 올바르고 이성적인 목표이다.

범위 확장이 필요한 부가적인 영역은 **관계**이다. 관계는 충만되고 행복한 삶을 위한 필수적인 것임에도 불구하고 우리들 대부분에게는 관계를 시작한다는 것이 어렵게 여겨진다. 그러므로 관계는 범위를 확장할 좋은 영역이 될 것이다. 대개 여기에는 서로를 소개하는 것이 포함된다. "당신은 내가 알고 싶어하는 유형의 사람처럼 보이는군요." 오, 꿀꺽, 우리는 생각한다. 좋아, 어떻게든 해봐. 관계에는 또한 "비밀"을 나누고 일을 함께하는 것이 포함된다. 친밀한 관계를 만들어 가는 것은 개방되고 자신의 비밀을 승인하며, 초대를 확대하고 거부를 감수하며, 기회를 포착하도록 우리에게 도전한다.

물론 누구든 시도하는, 너무 많은 위기나 투쟁을 요구하지 않는 "조그만 범위 확장"의 영역은 무수히 많다. "고통 없이는 아무것도 얻지 못한다"는 말에 익숙한 당신은 이렇게 묻는다. "왜 아무런 것도 희생할 필요 없는 범위 확장을 위해 수고해야 하는가?" 사실 이러한 사소한 범위 확장은 그다지 중요하지 않다. 그러나 정기적으로 행해진다면 그런 작은 움직임들은 오래되고 익숙한 습관에 주의를 환기시키며, 변화와 성장의 큰 도약을 유발할 수 있다. 조금씩 우리는 범위 확장의 타입을 넓히려고 애쓰는 모험심에 찬 사람이 되어간다. 우리가 점점 더 크고 흥미로운 세상 안으로 발을 내딛고 있음을 미세하게 알아채고 매순간을 새롭고 신선하게 살고 있음을 발견한다.

작은 범위 확장 가운데서 특히 시도할 것은 이러하다: 비오는 날 낮잠 자기, 휴식을 취하고 묵상하겠다는 약속을 스스로와 하기, 오늘 해야 할 일들을 기록해서 지키기, 익명으로 누군가를 돕기, 노랫말이나 시를 적기, 당신을 한번도 칭찬하지 않은 이에게 진심어린 칭찬을 하기, 죄의식을 가지지 않고서 거절하기, 어린이와 이야기하는 시간 가지기, 누군가의 손 잡기, 당신이 실패할지도 모르는 뭔가를 시도하기, 바쁘다고 여겨질 때 천천히 걷기, 집착한다고 여겨지는 것에서 멀어지기, 자, 그것을 지켜라!

평균적으로 인간은 잠재력의 10%만을 사용한다고 인간성을 연구하는 학자들은 계산했다. 90%가 좌절과 두려움, 습관들로 인해 죽어간다. 범위 확장의 작업은 이러한 열세를 만회하게 한다. 확장하지 않는다면 우리는 삶의 아름다움 · 선함 · 재능의 90%를 기만하게 된다. 잠재적 성향과 재능의 90%를 사용하지 않는다는 사실에 슬퍼하게 될 것이다. 슬프다고? 잠재력의 90%가 썩어갈 유산과 함께 관에 밀봉되었다.

범위의 확장:
새로운 것에 도달하기, 낡은 것은 남겨두기

금세 지불하고 즉시 보상하는 것은 쉽게 성취된다. 그러나 불행하게 대부분의 범위 확장 작업은 시간과 반복을 요구한다. 대개 우리는 단칼에 두려움이라는 괴물을 처치하지 못한다. 그러나 범위 확장을 시도한다면 전에는 결코 할 수 없었던 것을 행하면서 편안함과 평화가 커짐을 경험하게 된다.

나는 내 어릴 때의 수줍음을 잘 기억한다. 다행스럽게도 친절하고 사랑에 넘치는 사람들이 나에게 도전장을 던졌다. 그래서 토론에 관여하게 되고 학교에서 열리는 웅변대회에 참가했다. 맨 처음 무대에 섰을 때 난 죽거나 아니면 적어도 당황해서 기절할 것만 같았다. 그러나 굳은 의지로 한참을 견뎌내자 수줍음이 사라지기 시작했고 이제 그것은 거의 없어졌다(매순간 내면 깊숙히 있는 어리고 수줍은

소년을 경험한다. 그는 이 모든 것이 진실된 것인지 아닌지 알고 싶어하며 눈을 깜박인다). 하지만 잊지 말라: 성장은 항상 더딘 과정이며, 천천히 건너야 할 다리이지 급하게 회전하는 모퉁이가 아니다.

2차 대전이 종전될 무렵 연합군에 의해 해방된 나치 수용소에 관한 글을 읽은 적이 있다. 많은 포로들이 서둘러 수용소 막사를 나와서 햇살에 눈을 껌벅이고는 천천히 막사로 도로 돌아섰다. 그 안에서의 생활은 오랜 기간 동안 그들에게 익숙하게 되어버린 유일한 삶이었다. 그들은 자신을 포로로 여기는 데 익숙해져 있었다. 자유로운 몸이 된다는 것을 상상할 수 없었다. 그래서 그들은 자유로운 인간으로 행동하는 것에 즉시 적응하지 못한 것이다. 우리는 오랫동안 두려움에 묶여 협소하지만 안전한 어느 구석에서 슬프게도 재능의 10%만을 쓰면서 살고 있다. 그러다 범위를 확장하라는 — 개별적인 감옥으로부터 어색한 첫발을 내딛고 나오라는 — 도전을 받는다. 슬프게도 대부분의 사람들은 한 발짝 발을 내딛고 햇살에 눈을 껌벅이고는 좁지만 몸에 밴 안전지대로 말없이 돌아간다.

인성의 가차없는 법칙 중의 하나는 하나의 즐거움을 포기할 때 새로운 즐거움, 그것도 가능하다면 더 큰 즐거움으로 위안을 받아야 한다는 것이다. 인간성은 진공 상태를 싫어하며 우리가 범위를 확장하면서 포기하는 것은 안정감이다. 울타리를 넘고 습관을 버림으로써 "햇살이 드는 우리의 은신처"를 떠난다. 안전지대는 항상 우리에게 도전받지 않고 도전하지 않는 근거를 마련해 주었다. 이런 안전지대의 안정성을 버리고 범위를 확장함으로써 대체되는 즐거움은 자유이다. 우리는 자유로워진다. 우리를 무능력하게 만드는 두려움에 항거하게 되는데 이것이 자유이다. 범위를 확장하기 전 우리는 재능 — 감성, 정서, 정신, 가슴이 지닌 재능 — 의 10%만을 활용했다. 범위를 확장함으로써 우리는 어둠에서 천천히 나와 빛으로, 고독에서 사랑으로, 편협하던 삶에서 충만한 삶으로 갈 수 있다.

강하거나 약한 의지와 같은 것은 없다고 나는 확신하며 그것은 사실이다. 강하거나 약한 것은 **동기**이다. 동기에 의해 의지는 행동으로 옮겨진다. 우리는 욕구가 가지고 있는 에너지원에 의해서 움직인다. 명백하게도 범위를 확장하려는 동기는 자유, 즐거움, 자기 실현 등과 관계를 맺을 것이다. 누구나 더 충만되고 더 강렬한 자유라는 확실한 보상을 갈구한다. 우리가 범위를 확장하다 보면 이 동기는 점점 더 커지게 된다.

열등아들에게 동기를 부여하기

어느 학교에든 열등아라고 불리는 집단이 있다. 그들에게는 재능을 활용하려는 욕구나 자극이 필요하다. 대부분의 학교에는 그들을 위한 코스나 학급이 따로 마련되어 있다. 대개 그런 학급에서 제시되고 있는 사항은 한 가지다: "스스로 뭔가를 하라. 자신의 관심을 자극하도록 시도하라. 독서하라. 특별활동에 지원하라." 대부분의 열등아들은 학급 가장자리에 앉아서 선생님이 그들에게 영감을 불어넣기를 기다린다. 그러나 교사 네 사람 가운데 세 사람은 영감을 주지 못한다. 이 수치는 일반적이다. 모범적인 열등아들은 삶의 연석에 앉아서 자기 정체감의 위기를 겪곤 한다. "나는 누구인가? 내게 어떤 가치가 있는가? 누가 상관한담?" 이는 흔들의자에 앉아 있는 것과 같아서, 어디로도 그들을 이끌지 못하나 해야 할 일을 제시한다.

열등아들이 범위를 확장하도록 설득될 때까지 이러한 절반의 실존이 지속될 것이다. 범위를 확장하면서 열등아들은 열정이 생겨나는 것을 경험하게 될 것이다. 뭔가에 관여하게 되면 활동은 점점 더 강한 열정을 생겨나게 한다. 그리고 열정은 자기 확대되며 자연스럽게 증가하고 번식한다. 범위 확장의 작업은 타성을 극복하며 바로 거기에서 서서히 자기 동기 부여가 되어간다.

범위 확장에 대한 생각의 발전을 위하여

범위를 확장하기에 적절한 영역에 대한 이야기를 우리는 해왔다. 더 구체적으로 매일 다음에 열거하는 "확장의 활동" 중 하나씩을 시도하라. 목록에 있는 것들을 완전히 뗄 수 있을 때까지 순서대로 수행하고 되풀이하라. 다음의 것들이 안전지대라는 협소하고 고립된 세계로부터 당신을 얼마나 해방시키는지에 대하여 스스로 점검하라. 두려움과 고통스런 습관에 맞서는 행동들이 주는 해방감을 만끽하라. 기억하라: 하루에 한 차례, 한 번에 한 가지의 활동을.

① 한번도 나누지 않았던 감정, 오늘 나누겠다.
② 한번도 부딪치지 않았던 위기, 오늘 감수하겠다.
③ 한번도 시도하지 않았던 일의 성취, 오늘 시도하겠다.
④ 한번도 받으려 하지 않았던 거부, 오늘 받아보겠다.
⑤ 누구에게도 인정하지 않았던 욕구, 오늘 인정하겠다.
⑥ 결코 할 수 없었던 사과, 오늘 실행하겠다.
⑦ 누구에게도 해 주지 않았던 긍정, 오늘 해 주겠다.
⑧ 한번도 털어놓지 않았던 비밀, 오늘 털어놓겠다.
⑨ 한번도 드러내지 못했던 상처, 오늘 드러내겠다.
⑩ 결코 표현하지 않았던 사랑, 오늘 누군가에게 "당신을 사랑해요"라고 말하겠다.

❖ 기억하라 ❖

더 광활한 세계, 더 충만된 삶이 당신을 기다린다.
당신은 범위를 확장함으로써 그곳에 도달해야 한다.
자, 해보라! 당신의 시대를 맞이하라.

"선"을 발견하는 법을 배워야 한다

많은 사람들이 성공을 추구하는 길을 걸어간다. 그 길을 가는 대부분의 사람은 무언가를 찾고 있으며 기대하는 그 어떤 것이 우리에게 발견되기를 기다리고 있는 듯이 느껴진다. 어떤 사람은 어린시절부터 줄곧 실망에 포위되어 온 듯이 보인다. 그리고 우리 모두가 예외없이 무수한 실망을 만나게 된다. 그때 삶은 깨어진 꿈과 환멸의 시나리오가 된다. 영웅은 늘 허물어져서 진창에 빠진 발을 보여준다. 잘못될 수 있는 것은 잘못되어진다. 온갖 시행착오를 다 겪은 후 우리는 삶의 길이 막다른 데서 끝남을 알게 된다.

그처럼 비관적이지만은 않은 다른 삶의 길도 있다. 높은 곳을 향하는 그 길의 주위 경관은 아름답고 함께 길을 가는 사람들은 매우 우호적이다. 우리는 선과 행운에 둘러싸인 듯하며 곳곳에 어둠이 보이기도 하지만 결국 모든 것은 잘 풀려나가는 듯하다. 그때 우리는 하느님께서 피조물들을 둘러보시고 "보기에 좋다"고 하실 때의 의미 그대로를 경험할 수 있게 된다.

행복의 표준 지표

몇 년 전 몇몇 일본 학자들이 행복을 과학적으로 분석하려는 시도를 한 적이 있다. 그들은 가장 성공적이고 자족한 사람들 백 명을 찾아내어 이들 축복받은 사람들과 면담을 가졌다. 면담에서 얻어진 자료들은 대형 컴퓨터에 조심스럽게 입력되었으며 이들이 공유하는 공통 분모를 발견하려는 것이 이 연구의 목적이었다. 과학자들은 인간의 행복을 재는 표준 지표를 찾아내고자 한 것이다.

처음의 조사 결과는 실망스러운 것이었다. 이들 가장 성공했고 만족하는 사람들에게는 어떠한 공통점 — 분명히 교육이나 배경에는 — 도 없는 듯했다. 국민학교 중퇴자도, 박사학위 소지자도 있었다. 부유층 출신도, 자수성가한 사람도 있었다. 이런 모든 범주 가운데 그래도 표준 지표에 가장 근접한 것은 그중 70명이 인구 만오천 명 이하의 소도시 출신이라는 점이었다. 실망한 학자들이 다시 모든 자료를 컴퓨터로 처리해서 이번에는 모두가 만족할 만한 결론을 얻었다. 과학자들은 이들 백 명 모두가 각각 뭐랄까 … "선을 발견하는 사람들"임을 알게 된 것이다. 그러나 **선을 발견하는 사람**이라는 용어는 이러한 공통점을 설명하기 위해 만들어진 것이다.

선을 발견하는 사람이란

정의를 내리자면 선을 발견하는 사람이란 자신 안에서, 타인 안에서 혹은 삶의 모든 상황 안에서 선을 기대하면서 찾는 이들이다. 무엇을 기대하든 기대하는 것을 찾게 된다는 것은 사실이다. 반면에 악을 찾고자 마음먹으면 충분히 많은 악을 발견한다. 선을 찾고자 한다면 역시 많은 선이 우리의 발견을 기다리고 있음을 알게 된다. 자신 안에서나 타인들 안에서 불완전성을 찾고자 마음 먹는다면 그 탐색은 의심할 여지 없이 성공한다. 하지만 약점과 어리석음을 너머 아직 아무도 가보지 못한 곳으로 선과 아름다움을 찾아 나선다면 그 탐색은 성공으로 보상받을 것이다. 모든 것은 우리가 무엇을 찾고자 하는가에 전적으로 달려 있다. "두 사람이 감옥의 창살을 통해 바깥을 보고 있었다. 한 사람은 진창을 다른 사람은 별을."

고대의 한 설교자가 말했다. "사람들은 항상 악의 문제를 설명하고자 한다. 설명되어야 할 너무나 많은 악이 널려 있다. 하지만 또 다른 문제가 있다. 우리는 세상의 모든 선에 대해 어떻게 설명할 것인가?" 그 설교가 옳았다고 생각한다. 약속을 신실하게 지켜나가는 사람들을 어떻게 설명할 수 있는가? 헌신과 보살핌, 타인에 대한 봉사로 일관된 삶을 어떻게 설명할 것인가? 숭고한 행위를 뭐라고 설명할 것인가? 참으로 많은 선이 있으며 그것은 종종 뜻밖의 인간에게서, 뜻밖의 장소에서 발견된다.

무엇을 추구하든 우리는 그것을 찾아낸다. 사제, 시인, 정치가가 함께 같은 길을 걸어갈 때 어떤 일이 벌어질 것인지에 대하여 상상해 보았다. 그들은 각각 다른 것을 추구하고 찾을 것이다. 사제는 고지에 사는 영혼들에 대하여 생각하고 그들의 삶에 경이를 가지며, 하느님이 역사하심에 대하여 묵상할 것이다. 그리고 하느님의 섭리에 대한 어려운 질문을 던질 수도 있다. 시인은 휘어진 나뭇가지의 오묘함과 나무로 이어진 긴 행로의 아름다움에 한동안 도취된다. 그는 그림자의 농도를 구별하고 현란한 색감에 환희를 느끼며 황홀경에 빠져 그 길을 걷는다. 정치인은 눈으로 같은 고지를 응시하지만 속으로는 딴 계산에 여념이 없다. "저곳에도 많은 표들이 있지." 그는 누가 그 지역의 지도자인지, 저 투표자들을 선거인 명부에 올리려고 하는지 아닌지에 대하여 생각한다. 사제, 시인, 정치가는 같은 경험을 하면서도 각기 다른 것을 추구하면서 찾는다.

자신 안에서 선을 찾기

훈련 **1**에서 제시된 "비어 있는 의자에 관한 상상"에 대한 훈련을 기억할 것이다. 한번은 태도에 관한 워크샵에 참석하여 이 훈련을 참가자들과 함께한 일이 있다. 그리고 일 년 후 이런 편지를 받았다:

당신은 정서적으로 안정된 사람을 찾고 있었는데 저는 자격 미달이었습니다. 29년 동안 저는 심리적 문제를 안고 살아왔습니다. 그런데 "빈 의자 훈련" 이후 제 문제가 극복되었음을 알았습니다. 그 의자에 앉으러 나갔던 "저"는 망가진 패배자였습니다. 많은 학대를 받아온 불쌍한 강아지처럼 보였지요. 서글픈 것은 누가 그런 매질을 행해 왔는지 알게 되었다는 점입니다. 그건 바로 저였습니다. 저는 계속 자신을 비난하면서 도덕적으로 격하시켜 왔습니다. 거울을 볼 때마다 아름다운 미소나 곧고 흰 치아, 반짝이는 눈은 보지 않았고 (발견할 때까지) 못난 여드름을 찾았습니다. 뭔가를 긁적일 때마다 잘못된 철자나 말투를 찾았습니다. 자아상을 파괴하는 데 탁월했지요. 그 훈련에서 상상의 자아에게 한 가지를 이야기하게 되었을 때 저는 스스로에게 사과할 수밖에 없었어요. "이봐, 미안해. 내가 너에게 행한 모든 일을 사과해. 엄숙하게 맹세하지. 이제부터는 너의 친구가 될 거야. 너를 지원하고 확신을 줄 테야. 너를 칭찬하고 감사하게 여기려고 해. 네 안에 있는 좋은 점들을 눈여겨보겠어. 약속하지, 정말 노력할 것을."

일 년이 지났습니다. 제 자신과 한 약속에 충실해 왔어요. 매일 저는 제 문제가 극복되었다는 걸 확신하고 있지요. 심리치료도 끝냈습니다. 적어도 지금은 심리요법이 필요없다고 의사 선생님이 말했습니다. 새 삶이 시작된 것 같고 두번째로 주어진 삶인 것 같아요. 저는 자신과 친구가 되었답니다. 나 안의 좋은 점을 바라보기 시작했고 모든 것이 달라졌어요. 드디어 저는 이성적으로 행복하고 건강한 인간입니다.

우리 안에서 선을 찾는 것은 기만이나 허영이 아니다. 그것은 감사라는 겸손한 행동의 결과이고 그렇게 되어야 한다. 나 안의 선을 찾는 것은 행복하기를 원한다면 반드시 해야 할 합당한 작업이다. 끌레보의 베르나르(Bernard of Clairvaux)는 신약에서 진실된 겸손을 완벽하게 설명하는 대목은 예수의 어머니 마리아의 마니피캇이라고 한 바 있다. 거기에서 당신은 마리아가 사촌 엘리사벳에게 자신이 매우 행복하다고 선언하는 장면을 기억할 것이다. "내 영혼이 주님을 기리고, 이제부터 만세가 나를 복되다 하리니." 겸손은 하느님의 선물을 사양하는 것이 아니라 그것을 즐거워하며 은총에 감사하는 것이다.

진실되게 선을 발견하는 사람이 되려면 하느님이 나에게 주신 선물을 알아볼 수 있는 통찰을 지녀야 하며, 내가 받은 은총을 "사랑하는 이의 배려"로 여겨야만 한다. 하느님께서 나에게 주신 선물과 선을 모두 찾아야 하고 발굴해 내야 하는 것이다. 내가 무엇을 가지고 있든 그것은 하느님이 내게 주신 선물임을 명확하게 인식해야 한다. 그리고 나의 일부인 이 선물들에 기꺼이 감사해야 한다.

타인 안에서 선을 찾기

사람들은 야생화 같은 존재이다. 그들의 선과 아름다움은 당연한 것처럼 간주되거나 간과되기 쉽다. 그러나 때로 한송이 야생화를 세심하게 관찰할 필요가 있다. 잎사귀를 따라 섬세한 잎맥이 퍼져 있다. 꽃잎은 너무나 연약하며 만개한 꽃은 너무나 아름답다. 세심하게 관찰하려면 햇살이 비치는 쪽으로 꽃을 돌려 그것의 특별한 조화로움을 찾아보라. 꽃은 그것 자체로 아름다움이다.

크로프트(Roy Croft)는 이렇게 읊는다. "나는 당신을 사랑한다. … 어렴풋하게라도 알아채지 않을 수 없는 나 안의 모든 어리석음과 약점을 눈감아 주니. 또한 다른 사람이 충분히 가까이 다가오지 않아서 발견할 수 없었던 아름다운 것들 전부를 밝게 드러내 주니."

사람들은 더 가까이서 보아주기를 원한다. 그러려면 우리들 안에 깃든 선을 감추어 버리는 약점과 어리석음 너머의 것을 보아야 한다. 우리는 아무도 충분히 오래, 충분히 멀리 가지 않아서 발견하지 못했던 아름다움을 찾아나서야 한다. 하지만 선을 발견하려는 모든 이들에게 알려라: 어떤 이들은 당신을 뭘 모르는 인간으로 혹은 근거없는 낙천가로 생각할 것이다. 대개의 사람들은 그들의 낙관주의를 쉽게 신뢰할 수 없다.

인간관계에서 위기는 실로 도전적인 기능을 한다는 생각이 든다. 그런 관계를 맺고 있는 대부분의 사람들은 한동안 평화로운 고원에서 잘 지내는 듯하다. 그러나 언젠가 그곳에 위기라는 폭풍우나 침묵이 감돈다. 아마 그러한 위기는 친밀함을 두려워하거나 혹은 단조로움이 지겨워져서 생겨날 수 있다. 혹은 승리와 패배의 주기가 있거나 지배를 위한 암투가 있어서 시작될 수도 있다. 그 원인과 본성이 무엇이건 위기는 일어난다. 한자 뜻 그대로 위기는 위험이며 기회이다.

대부분의 위기는 경고의 표징이라고 생각한다. 위기는 상대방을 더 깊은 차원에서 발견하라는 경고이다. 살아오는 동안 이런 경험을 한 적이 있을 것이다. 친밀하던 누군가가 멀게 느껴지던 때를 기억하는가? 아마 사랑이 식은 것은 아닌가 하고 의심했을 것이다. 분노에 찬 대화와 상처받은 느낌, 오랫동안 끓어오르는 분노가 있었다. 그러다 갑자기 상대가 몹시 아프거나 심각하게 상처를 입었다는 소식을 들었다. 표면적인 갈등과 계속 느껴지던 거리감은 일순간에 사라지고 당신은 상대에게 급하게 돌진했다. 이전에 존재했는지조차 알지 못했던 당신의 깊은 심중을 마구 드러내어 그 순간 새롭고 더 깊은 유대가 형성된 것이다. 사랑의 깊이가 얄따란 주석에서 금으로 변화되었으며 더 심오한 차원에서 서로를 발견했다. 그것은 관계의 새로운 시작이었다.

삶의 모든 상황 속에서 선을 찾기

절호의 기회는 문제로 가장하여 삶으로 들어온다는 말을 흔히들 한다. 문제는 우리에게 던져지는 도전장이며, 예전에 알지 못했던 자신의 능력으로 대처하도록 요구한다. 문제들은 우리에게 충격을 주어 습관적인 일상에서 벗어나도록 하며 새로운 가능성이 있는 삶을 알려준다. 결국 우리는 성공보다 고통 속에서 더 많은 혜택을 얻는다. 그 혜택을 얼마나 얻을 수 있는가는 평상시에 가지고 있던 태도에 의해 결정된다. 우리는 삶의 모든 상황 속에서 선을 찾고 추구할 준비가 되어 있어야 한다.

최근에 내 친구가 사소한 교통 위반에 걸려 구속되었다는 이야기를 들었다. 이 여인은 다섯 자녀를 둔 어머니이며 매우 친절하고 사려깊은 사람이다. 하여튼 그녀는 시카고 교외에 있는 한 백화점으로 차를 몰고 가고 있었다. 거구에 지나치게 엄격한 한 경찰관이 그녀를 따라 백화점으로 거만하게 걸어 들어와서는 그녀에게 운전 면허증을 보여달라고 요구했다. 차를 세우기 전에 부적절하게 커브를 돌았다는 것이다. 농담하냐고 그녀가 말하자 그는 그녀에게 수갑을 채우고 뒤에서 팔을 비틀었다. 팔이 그에게 부딪치자 그는 "공무집행 방해죄"를 부가했다. 그리고 믿을 수 없게도 그는 경찰서에 지원을 요청했다. 그녀는 경찰서로 가서 옷을 벗기운 채 조사받고 지문을 날인한 후 감방으로 보내졌다.

그녀를 만나기 전에 나는 세세한 부분까지 다 들어 알고 있었다. 변호사 친구에게 이 이야기를 하자 그는 숨을 헐떡였다. "변호사의 꿈이야. 전국적으로 백만 명의 서명을 금세 받을 수 있어." 그는 문제의 그 여인이 변호사인지 알고 싶어했다.

후에 그녀에게 그 사건의 전모를 들을 기회가 있었다.

"선"을 발견하는 법을 배워야 한다   119

"내 생애 의미있는 경험 가운데 하나였어요. 나는 경관들에게 십자가에 못박히신 예수의 심정을 이해할 수 있게 됐다고 말했어요. 다음 사순절에는 그전보다 훨씬 많은 것을 이해하게 될 거라고도 했어요. 그들은 단지 '의무를 다할 뿐입니다, 아주머니'라고만 하더군요. 후에 내 얘기가 신문에 알려지자 그들은 당황해했어요. 난 그들을 안심시켰고 오히려 깊은 깨달음을 얻게 해주어서 감사하다고 생각했어요."

난 그녀에게 구속한 경관에 대해 소송을 제기할 생각이냐고 물었다. "오, 아니에요. 구속한 경관은 과민반응을 보이는 가여운 소년에 불과해요. 그는 날 계속 아주머니라고 불렀는데 한번은 실수로 어머니라고 부르더군요. 어쨌든 난 그가 어머니를 찾고 있었다고 확신해요."

힘들었던 경험 안에서 선을 찾기 위해서는 경험을 "재구성"해야 한다. 대가는 재구성을 통해 얻어진다. 이렇게 틀을 재구성하는 것은 놓칠 수도 있는 미묘한 점을 발견하기 위해서다. 경험을 재구성할 때 우리는 검은 구름 뒤로 찬란한 빛이 있는지를 찾기 위해, 배운 바 있는 교훈과 놓쳐 버린 유리한 고지를 찾기 위해, 경험 자체뿐 아니라 그 너머까지 되돌아간다. 많은 심리요법가들이 상담자들에게 불운했던 경험을 되풀이해서 이야기하도록 요구한다. 이 과정을 통해 상담자는 그 불운했던 경험이 기회와 은총이었음을 알 수 있게 된다. 예를 들어 보면 화가인 제임스 휘슬러는 직업군인이 되고자 했으나 웨스트 포인트에 불합격했다. 그는 이 실패에 너무나 좌절하여 일종의 치료로서 그림을 그리기 시작했다. 가수 훌리오 이글레시아스도 축구선수가 되고 싶었으나 다쳐서 일시적인 마비현상을 일으켰다. 한 간호원이 시간을 보내는 데 도움을 주려고 기타를 선물했다. 문 하나가 닫힐 때 또 다른 문이 열리는 듯하다. 중요한 것은 선을 발견하는 사람이 되는 것이다.

하느님, 궁극적으로 선을 발견하는 존재

예수 시대에 세상은 냉혹하고 잔인했다. 부유한 자는 계속되는 만찬으로 흥청망청 나태하게 살았고 가난한 자는 극도의 궁핍에 시달렸다. 인구의 삼분의 이가 인간 이하의 노예상태로 살아갔다. 그 당시 인기있던 스포츠는 두 명의 검투사 중 한 사람이 피로나 상처로 쓰러질 때까지 싸우는 모습을 지켜보는 것이었다. 그때 승리한 투사는 관중들을 보면서 그들의 지시를 기다렸다. 관중들은 한 손에 돈이나 보석을 쥐고 다른 손의 엄지 손가락을 위로 혹은 아래로 향하게 했다. 위로 향한 손가락은 "네가 그를 살려 준다면 이 돈과 보석은 너의 것이 된다. 그는 악독한 경쟁자였으며 다시 우리를 즐겁게 하기 위해 되돌아올 것이다"는 것을 의미했으며, 아래를 가리키는 손가락은 승리자에게 "그를 죽여라. 그는 형편없다. 칼을 내리쳐 목을 자르라"고 요구하는 신호였다.

그 당시 역사가들은 승리한 투사가 쓰러져 있는 희생자를 내리치면 전 도시가 울리도록 환호하는 소리가 드높았다고 전한다. 마치 월드 시리즈 동안 메이저 리그 운동장에서 홈런이 터졌을 때와 흡사했다.

이것은 성서 사가들이 말하는 세상 모습이었다: "과연 하느님께서는 이 세상을 이토록 사랑하시어 외아들을 주시기까지 하셨으니 이는 그를 믿는 이마다 모두 멸망하지 않고 영원한 생명을 얻게 하려는 것이었습니다. 사실 하느님께서 아들을 이 세상에 파견하신 것은 세상을 심판하시려는 것이 아니라 아들로 말미암아 세상이 구원받게 하시려는 것이었습니다"(요한 3,16-17). 예수가 이런 세상에 오심은 선을 발굴하는 숭고한 행위였다. 하느님께서 창조물에서 "매우 좋음"을 발견하셨던 이 세상은 모든 비참함에도 불구하고 아직 매우

선하다. 모든 인간의 가슴 깊숙히 하느님께서 계시며 그곳에 매장된 채로 있는 선과 재능을 알아보신다.

하느님 모상대로 만들어진 우리가 선을 발굴하는 사람이 되는 한 하느님의 행복을 공유할 것이다. 심지어 이것을 과학적으로 입증하는 컴퓨터 처리된 자료도 있다.

선을 발견하는 것에 대한 생각을 진행하기

1. 자신에 대하여 기사를 써라.

자신이 가지고 있는 좋은 점 세 가지를 몇 단락 써라. 그 세 가지가 하느님께서 배려하신 은총의 시작이게 하라.

2. 다른 이에 대하여 기사를 써라.

당신이 좋아하지 않는 사람의 좋은 점 세 가지를 적어라.

3. 최근 당신 삶에 있었던 위기를 재구성하라.

최근에 겪었던 상처와 실망에 대한 이야기를 기회와 모험이라는 맥락에서 친구나 신뢰할 만한 사람에게 하라. 그 경험에서 배운 바를 기억하며 잘 검토하여 그 경험으로부터 얻은 좋은 결과나 혜택을 설명하라.

❖ 기억하라 ❖

절호의 기회는
문제들로 가장하여 삶으로 들어온다.

훈 련 ⑦

완벽이 아니라 성장을 추구해야 한다

"일인자가 되어라. 최선을 다하라. 차선은 생각지도 말라." 이 말을 처음 듣는 순간 나는 전율했다. 최선을 다하는 열정을 묘사하는 이 말은 고결하고 관대해 보였으며 정결해 보이기까지 했다. 하지만 현실은 이 문구를 배신했다. 어쩌면 이 문구가 비현실적이었는지도 모른다. 현실적으로는 어떤 것도 완전하지 않았으며 나의 최선은 항상 좌절되었다. 완벽에 쏟은 열정의 결과는 쓰디쓴 패배뿐이었다. 마음 깊은 곳에서 가늘고 긴 신음이 있었다: "하지만 난 그렇게 열심히 노력했는걸. 내가 가진 모든 것을 주었어. 그것은 내 최선이었어." 그런 다음 불끈 쥔 좌절의 주먹으로 땅을 내리치고 하늘을 향해 흔들어댔다. 하지만 아무 소용이 없었다. 이제는 내가 완전하지 못함을 인정할 차례였다. 나는 시행착오라는 조건을 가진 실수 연발 선수이다. 모든 것을 다 가진 것처럼 나를 은폐하고 거부하면서 속임수와 가면 밑에서 몸부림쳐도, 결국 꿈과 현실이 결코 일치할 수 없음을 알게 되었다. 나는 결단코 완전할 수 없었다.

완벽주의의 뿌리

"강박증"은 어떤 문제를 이중으로 구속한다. 우선 "강박증"은 정신적인 구속력을 가진다. 한 문제에 관해 쉴새없이 생각하고 또 생각한다. "강박증"은 행동과 행위에도 관계되며 강박증을 가진 사람은 어

123

떤 일을 하고, 하고 또 해야 한다. 하루에 스무 번도 더 손을 씻어야 하는 수도 있다.

소수의 사람들은 완벽에 대하여 강박증에 완전히 구속되어 있으며 또 누구에게나 어느 정도 이런 증세가 보인다. 자신이 완벽주의자가 아니라고 주장하는 사람조차도 "실수를 연발하면" 심기가 불편하다. 그들은 자신이 불완전하다고 기꺼이 받아들이는 것에 대해 시를 적을 수도 있고 낭독할 수도 있지만, 일단 실수를 하고 나면 그 낭독은 끝장이다. 우리가 어느 정도로 고통에 묶여 있는가는 강박증을 얼마나 경험하며 어떻게 행동화하는가에 달려 있다. 완벽주의자들의 대부분이 우울증 환자라는 사실은 전혀 놀라운 게 아니다.

다른 경향과 마찬가지로 완벽주의 역시 깊고 드러나지 않는 뿌리에서부터 시작된다. 때로 그것은 숨겨진 두려움을 내포한다. 가령 무의식적으로 "내가 완전하지 못하다면 사람들은 날 신뢰하지 않을 거야"라거나 혹은 "난 전진할 수 없을 거야"라고 생각할 수 있다. 겉으로 드러난 생각 뒤에 흑백 논리가 숨어 있을 수도 있다: "완전하지 않은 것은 실패다", "내가 실패한다면 사람들은 날 비난하겠지"라는 은밀한 — 하지만 인정하지 않을 수 없는 — 생각을 지닐 수 있다. 혹은 과거로부터 들려오는 나지막한 속삭임이 있다. "내가 일을 완벽하게 하지 않으면 엄마나 아빠가 무어라고 하실까?" 완벽을 향한 욕구는 승인을 받으려는 일종의 방식일 수 있다. 그리고 그것은 어릴 때 엄마와 아빠로부터 출발했을 것이다.

어릴 때부터 이런 방식으로 생각하도록 우리는 프로그램된다. 그 메시지는 실제 부모에 의해 수행되었을 것이다. 그들은 스스로 완벽하려고 시도하는 것을 보여줌으로써 우리를 완벽주의자가 되도록 프로그램했다. 혹은 완벽주의에 대한 성향은 우리의 수행을 보면서 대리충족하고자 하는 이들에 의해 훈련되었을지도 모른다. 동료의 압력도 또 하나의 강력한 요인이다. 많은 이들이 비웃음의 대상이 된

적이 있다면 그 이후 공적인 실수를 다시는 하지 않겠노라고 몰래 결심했을 것이다. 완벽주의에 따르는 형벌은 너무 고통스럽고 당혹스럽다. 사람들은 어떤 일을 시작하는 이에게 고통스러운 기대를 건다. 물론 그들의 기대를 내가 왜곡되게 받아들였는지도 모른다. 하지만 사람들에게 영향을 미치는 것은 무엇이 말해졌는가가 아니라 어떻게 들었는가일 수 있다.

완벽주의가 치러야 할 비싼 대가

완벽주의에는 항상 하향선이 있다. 그 선은 서서히 실패를 받아들이게끔 한다. 우리가 계획한 그대로 이루어지는 것은 결코 없다. 그러한 실패는 절망을 낳는다. 언제나 좌절된 꿈은 서서히 분노로 변한다. 좌절이나 분노는 늘 가면 뒤에 숨어서 유쾌하지 못한 방식으로 나타나는데 다른 이들은 이를 결코 알아채지 못한다.

많은 이들이 완벽에 매달림으로써 이렇게 자기 파멸로 이르는 길을 걸어왔다. 수십 년 전에 만났던 한 젊은 여인은 처음 만나는 자리에서 자신이 두 번 자살을 기도했다고 말했다. 하지만 간호원 자격증이 고통스러운 공허함을 완벽하게 메워 줄 것이라고 자신있어 했다. 물론 간호원 자격증을 딴 이후에도 그녀는 이전과 마찬가지로 불행했다. 이번에 그녀는 자신에게 필요한 것은 결혼이라고 확신했다. 한 괜찮은 젊은이가 무대에 등장하여 그들은 곧 결혼했다. 그러나 곧 그녀의 삶 내내 찾아들었던 절망이 먹구름처럼 다시 돌아왔다. 이번에는 자신에게 필요한 것이 아이라고 확신한 그녀는 곧 세 자녀의 어머니가 되었다. 하지만 청명한 하늘은 지속되지 못했다. 그리 오래지 않아 그녀는 아이들이 자신을 미워한다고 눈물을 글썽이며 나에게 털어놓았다. 사춘기의 아들은 그녀에게 욕설을 했다. 나는 가족 카운슬링을 찾아가서 그녀의 아이들이 어떤 불만을 행동으로 옮기고 있는가에 대하여 알아보도록 권고했다. 하지만 아마 그녀는 이 제안을 받아들이지 않은 것 같다.

다시 몇 년이 지나서 그녀의 남편으로부터 장거리 전화를 받았다. "진이 죽었어요"라고 말했다. "그녀가 자살을 했다니 정말 서글픕니다. 차고 안에서 죽을 때까지 모터를 가동해 둔 겁니다. 식탁 위의 유서에는 "슬퍼하지 마, 넌 노력했으니까"라고만 적혀 있었어요." 우리는 전화로 진을 회상했다. 사실 그녀의 남편은 영안실에서 전화하는 중이었다. 나는 그러한 그의 담담함을 믿을 수 없었다. 그는 진과 내가 가끔씩 통화한다는 것을 알고 있었다. "아이들이 그녀를 미워한다고 이야기하던가요?" "예, 나에게 그런 말을 했습니다."

"사실 그랬습니다. 난 아이들이 그녀의 죽음에 안도하고 있음을 느낄 수 있어요." 그는 계속 말했다. "그녀는 모두에게 친절했고 고통을 물리치기 위해서라면 무엇이든 기꺼이 시도했어요. 하지만 고통의 실제 근원이 무엇인지를 알지 못했던 거죠. 그녀는 완벽주의자였습니다. 모든 형태의 불완전함에 선전포고를 했답니다. 그녀는 아이들에게 무조건적인 항복을 받아내려 했고, 아이들이 그녀를 미워하게 될 만큼 그들을 닥달했습니다. 급기야 아이들은 그녀의 목소리, 그러다 내미는 손까지도 싫어하게 된 것이지요. 그녀는 신체적으로나 정서적으로 자신을 탈진시켰습니다. 그것이 39년 동안이나 지속되어 온 것입니다. 그런 후 그녀는 그렇게 간단한 작별인사를 남기고 죽어간 것이에요. '슬퍼하지 마, 넌 노력했으니까' 라고요."

이 가여운 남자는 그녀가 몹시 유감스러웠다고 했다. 그는 또한 "완벽주의라는 괴물에 맞서 전쟁을 벌이는 사람들"에게도 유감스럽다고 덧붙였다. "그들은 하루하루 조금씩 죽어갑니다. 설령 진처럼 정말 죽지는 않더라도 삶에 대한 모든 열의를 상실합니다. 결국 절망의 구렁텅이로 빠지고 그곳에서 '끝났다!'고 말하면서 죽음을 기다리지요." 완벽주의는 자살로 이르는 길이다.

괴물을 거부하기

대부분의 사람들은 완벽주의라는 괴물의 지배를 받아 왔음을 인정하기를 꺼린다. 품위를 손상할지도 모를 이 단어를 싫어한다. 그러나 대부분의 사람들은 철저한 완벽주의자는 아니더라도 자기 실수에 대해 불편한 마음이 있다. 이처럼 미숙한 완벽주의자는 자신의 실수나 약함을 참아낼 인내심이 약한 것과 마찬가지로 다른 이의 실수나 약함을 참지 못한다. 자신이 시행착오를 하는 존재라는 점을 편한 마음으로 받아들이지 못하며, 점차 타인들도 동일한 관점으로 바라보게 된다. 이것은 완벽주의 가운데서도 가장 고약한 형태이며, 자신과 주변 사람들의 삶의 기쁨을 앗아가 버리기에 충분하다.

　물론 완벽주의는 그 형태나 정도가 어떠하든 비현실적이다. 현실을 거부하는 것이 완벽주의의 증세인 듯하다. 완벽주의가 강박증적 행위라는 데 동의한 이상 완벽주의는 불완전성의 한 형태일 따름이며, 결코 그렇게 살 수 없는 어떤 것이라고 결론지을 수 있다. 명백히 현실적인 완벽주의자는 비현실적인 희망이나 기대가 자신을 망치도록 묵과할 수 없다. 그대로 두면 자신의 가면을 강타할 것이므로.

완벽주의의 해부

완벽주의는 인간적인 면에서 건강하지 못하다. 건강한 사람과 완벽주의자를 비교해 보면, 전자는 자신의 삶을 통제할 수 있는 데 반하여 후자는 그렇지 못하다. 완벽주의자는 강박관념에 의해 통제된다. 건강한 사람은 자유로우며 자유롭게 선택한다. 완벽주의자는 자유롭지 못하다. 그는 완벽해야 하고 … 해야 할 필요가 있고 … 기필코 그래야만 한다. 이는 자유로운 영혼을 구속하고 감금하는 일이다.

완벽주의는 **신념**에서 시작된다. 완벽주의자들은 자신의 가치가 성과에 의해서만 평가된다고 마음에 굳게 새긴다. 물론 실수는 인격적 가치를 손상시킨다. 그들은 완벽해짐으로써만 타인을 감동시킬 수 있다고 생각한다. 어떤 의미에서 자신이 독자적으로 일을 해내는 존재라고 본다. 그들은 팀을 구성하는 일원이 아니라 맞수로서만 존재한다. 그래서 결과적으로 두려움과 공포가 생긴다. 타인이 내릴 처벌이 두렵고 불쾌해할까봐 두렵다. 만약 자신이 타인에게 불완전하게 보이면 그들은 대가를 치러야 한다고 생각한다. 그래서 반드시 완벽함을 통해 타인으로부터 존경을 받아내야 한다. 이런 식의 완벽주의가 겪는 정서적인 동요는 외로움과 슬픔, 우울로 귀착된다.

감정들은 본성상 어느 정도 신체적이므로 완벽주의에도 **신체적 증상**이 있다. 이 증상은 사람에 따라서, 그 사람의 "표적 대상"에 따라서 다양하다. 그러나 수면과 식사에 영향을 미쳐서 급기야 긴장을 초래하는 스트레스라는 증상이 있을 것이다. 이러한 것들의 결과로서 완벽주의의 모든 것이 시작된 출발점이라 할 예의 그 신념이 더욱 강화됨으로써 어떤 유형의 행동이 나타난다. 완벽주의자들은 사람들을 즐겁게 하고 싶은 욕구 때문에 타인의 기대에 부응하기 위해 무진 애를 쓴다. 그들은 과중한 약속을 스스로에게 부과하며 절대로 도움을 청하지 않는데, 왜냐하면 이는 권리를 양도하는 것이며 자신의 부적합성을 인정하는 것이기 때문이다.

완벽주의자들은 자신의 업적이 타인의 인정을 받을 근거가 될 것이라고 생각한다. 단순히 그들 자신이 된다는 것을 통해서가 아니라 뭔가를 성취해야만 성공적이라고 자처할 것이다. 수행과 책임은 느낌이나 욕구보다 항상 우위에 있다. 실패한다면 타인에 대한 사랑을 거두고 자기 존중감을 상실하는 것으로 스스로를 벌한다.

완벽주의자들은 자신을 무조건적으로 수용하는 것도, 타인들로부터 무조건적으로 수용되는 것도 기대하지 않는다. 그들은 실패를 용인하지 않기 때문에 어떤 일을 수행하기 전에는 항상 긴장하고 화가 난다. 타인을 그들에게 격려하거나 지원해 주는 존재라고는 생각하지 않는다. 그들의 관점에서 본다면 타인은 단지 자신을 감시하고 종이와 연필을 들고 성적을 매기려는 사람들일 뿐이다.

인간적 조건을 평온하게 수용하기

물론 완벽에 집착함으로써 초래되는 조건과 구속을 알지 못한다면 어떠한 반전이나 치유도 있을 수 없다. 완벽주의는 노예를 거느린 주인이다. 그런 주인의 손에 한 개인의 행복을 쥐어 주는 일은 어리석다. 인간적 조건은 약함 그것이다. 우리는 모두가 시행착오를 거치고 실수를 연발한다. 동물들과 새들은 완전한 본능을 타고났다. 처음 맞부닥치는 일에도 마치 이미 짜여진 지시에 의해 움직이는 것처럼 잘 해낸다. 흰머리참새가 처음 트는 둥지조차 완벽하다. 하지만 너무나 한정된 본능을 타고난 인간은 지성이라는 고귀한 선물을 통해 시행착오를 거쳐 나아가야 한다. 우리는 오산할 여지가 많다. 성장은 하나의 과정이다. 가장 뛰어난 두뇌들이 만든 우주선이 공중 분해되기도 하고, 완벽한 기차가 궤도를 이탈하기도 하며, 비행기가 추락하고 자동차가 치명적 결점 때문에 주문이 취소되기도 한다.

인간 정신이 사람을 달에 가게 했고 현기증 나도록 활공하는 비행기를 만든 것도 사실이다. 하지만 그러한 성공 뒤에는 수천의 실패가 있었고 그럼에도 불구하고 실험을 성공시키기 위해 부단하게 힘을 모아 끊임없는 시도를 한다. 동시에 실수라는 인간적 조건의 진실을 거부하면서 그에 따르는 고통과 좌절을 겪기도 한다.

행복을 원한다면 진실을 직면하고 수용해야 한다. 우리는 과오를 저지르기 쉽고 시행착오를 거쳐 배운다. 그러나 실수가 궁극적이고 절대적인 실패일 수는 없다. 어떤 일을 배울 수 있는 경험일 따름이다. **유일하게 절대적인 실패가 있다면 그것은 그 실패를 통해 아무것도 배우지 못하는 경우이다.** 모든 실패는 교육적 의미가 있다. 고백을 통해 영혼이 평온해진다는 진실은 어리석음과 유약함을 인정하는 것까지 포괄한다. 앞에서 인용한 속담처럼 자신을 비웃는 법을 배운다면 유쾌함은 끝이 없을 것이다. 가능성은 무한하다.

같은 맥락의 진실 하나는 우리가 협력자일망정 경쟁자는 아니라는 점이다. 우리는 타인의 경험을 통해 배워야 한다. 내가 실패한 실험을 당신이 되풀이할 필요는 없다. 현인의 조언을 들어 보자: "타인의 실패에서 배워라. 그것을 다시 할 시간이 없다." 포드(Henry Ford)는 첫 모델 T를 개발했을 때 다른 이들이 그 디자인과 구조를 발전시키리라고 깨달았음에 틀림이 없다. 언제나 새로운 세대는 그전 세대를 뛰어넘는다. 전 세대의 어깨 위를 딛고 서는 것이다.

성장을 모색하기

완벽이 고통을 요구하는 이상형인 반면 성장은 그렇지 않다. 성장의 삶은 서서히 기술이 개발되는 과정이다. 피아노를 배우려면 손가락이 닿는 범위를 힘겹게 자꾸 넓히는 것부터 시작된다. 그런 다음 멜로디로 발전하고 멜로디는 진도에 맞게 점점 더 "클래시컬"해진다. 완벽주의자가 즉시에 도달하기를 추구하는 반면 성장은 천리 길도 한 걸음부터임을 안다. 시간과 훈련은 성장의 요체이다. 일단 요령을 터득하면 점진적인 성장이 달음박질로 도달하는 것보다 훨씬 더 흥미로워진다.

이런 기회를 당신에게 던지겠다: 당신은 "즉각의 완벽성"과 "점진적인 성장"이라고 적혀 있는 두 개의 문 앞에 섰다. 당신은 어떤 문을 끌어당길 것인가? 내 경험으로 보건대 놀랍게도 "즉석의 완벽성"을 선택하는 사람은 거의 없다. 그 문을 통과하게 되면 모든 것이 끝난다. 완벽을 재현하기 위해 무엇을 할 수 있는가? 순례는 끝이 나버렸는데, "점진적인 성장"의 문을 선택하게 되면 점점 더 개선되는 즐거움을 경험하게 될 터인데, 그 과정은 평생 계속될 것이다. 완벽주의에서 멀리 떨어지지 않는 한 성장을 성공시키기는 힘들 것이다.

성장을 선택하는 한 방법은 완벽을 이루기보다는 **즐기기**로 결심하는 것이다. 나는 이런 글을 처음 쓰는데, 스스로 하던 조언 그대로 행하고자 노력한다. 더 잘 표현할 수 있는 뭔가가 있음을 나는 안다. 그 방법은 아마 완벽할 수도 있다. 하지만 서너 줄 혹은 전부가 완벽하지 않다고 하여 아예 쓰지 않거나 찢어버리지는 않는다. 그보다는 당신과 이것을 나누는 즐거움을 가지고 싶다. 내가 쓴 것을 읽고 또 읽으며 여기저기를 삭제한다. 그러고는 생각한다. "그래, 더 명확해졌어. 아까의 시도보다는 내가 말하고자 했던 것에 더 가까워. 내 글이 누군가에게 도움이 될 거야." 이는 위안을 주는 생각이다.

그리고 놀랄 만한 보너스가 있다. **즐기기**를 결심한다면 완벽해지려고 마음먹었을 때보다 더 좋은 성과를 올릴 것이다(아직 믿기지 않겠지만 언젠가 당신도 이를 알게 되리라). 수업을 받는다고 치자. 수강하는 그 학과를 당신이 할 수 있는 것만큼만 즐기겠다고 마음을 먹어보라. 단언하건대 결과에 당신은 놀랄 것이다. 직업을 가지고 있다면 일을 가능한 한 즐기려고 해보라. 일이 발전하게 됨을 알게 될 것이다. 반면 완벽을 기하겠다는 결심은 그것 자체가 스트레스이고 비도덕적이다. 결과 역시 실망스러울 것이며, 실망하게 되면 항상 그만두고 싶은 마음, 모든 것을 포기하고 싶은 마음이 된다.

완벽주의를 해독하는 몇 가지 것들

① 어떤 강박증적 습관을 가지고 있든 그것은 당신을 완벽성으로부터 멀어지게 하는 데 도움이 되지 않는다. 당신은 완벽하게 되려

고 이빨을 악무는 자신을 발견하게 된다. 무엇을 하고 있든 그것을 즐기려는 쪽으로 생각을 몰아가라. 초월하려기보다는 행복하려고 애쓰라. 이는 당신의 뇌파에 새로운 움직임을 가져올 것이다. 완벽성으로부터 멀어지려는 결심은 당신의 강박증적 태도에 이렇게 말할 것이다. "너는 나를 지배하지 못한다. 너의 지배로부터 해방될 것을 선언한다. 나는 주인이지 노예가 아니다." 이렇게 개인적인 독립을 선언하는 것은 나의 강박증을 지연시킴으로써만 가능하다. 옳게 하고 있다는 생각이 든다면 한 시간 혹은 하루 동안 그것이 계속되게 하라.

② 불완전성을 실패로 간주하는 당신을 무장해제하라. 당신의 실패나 불완전성에 대하여 이야기하고, 비웃고, 개방하라. 이것을 통해서 인간적인 조건에 더 편안해지는 방법을 배우게 될 것이다. 타인들도 당신을 더 좋아하게 될 것이라고 나는 확신한다. 그들은 자신을 당신과 마찬가지로 여길 수 있게 된다. 많은 이들이 자신의 완벽한 수행에 의해 타인들이 감동받을 것이라고 믿고 있는 듯하다. 우리는 그들이 우리에게 완벽을 기대한다고 생각하고 있다. 그래서 실은 그렇지도 못하면서 잘 보이려고 애를 쓴다. 사실 그들도 취약함이라는 인간적 조건을 똑같이 경험하고 있으므로 우리가 연약하고 어리석은 존재들임을 알게 되면 더욱더 깊은 유대감을 가지게 될 것이다. 그것을 인정하라, 그러면 세상은 갈채를 보낼 것이다.

완벽주의에 대한 생각의 발전을 위하여

1. 두 가지 목록을 만들라.

완벽주의가 가지고 있는 이점에 대하여, 마찬가지로 단점에 대하여 각각 목록을 작성하라.

2. 자신과 만나기 위해 글로 써라.

자신에 대한 의식의 흐름을 글로 적어라. 당신의 가치는 무엇이라고 생각하는가? 완벽주의자가 가지는 감정적 증상이나 신체적 증상을 경험해 본 적이 있는가? 자신이나 자신의 수행에 대하여, 실수나 외로움에 대하여 터무니없는 것을 문제거리로 삼는다는 것을 알고 있는가? 중요한 사안에서 실패한다면 당신은 무엇을 잃게 되는가? 당신의 실패는 어떤 최악의 것을 초래할 것인가?

3. 목록을 작성하라.

점진적으로 즐겁게 성취했던 기술들의 이름을 모두 적어라. 가령 악기를 다루는 방법, 골프, 테니스, 축구와 같은 운동을 하게 되는 방법, 요리를 하거나 빵을 굽는 방법 등. 그것이 과정이었으며 즉시 성공적으로 습득한 게 아니었음을 기억하라.

4. 일기에 적어라.

완벽성보다는 성장을 모색하는 인간으로서 자신에 대한 글을 적어라. 학생이나 주부 혹은 판매원의 위치에서 완벽하기보다는 성장하는 자세를 갖춘 자신에 대해 설명하라. 당신에게 성장은 더 나은 선택이며 뭔가 좋은 것을 제공했는가? 좋은 점과 나쁜 점을 적어 보라.

❖ 기억하라 ❖

실패는 단지 배움의 경험이다.
유일하게 절대적인 실패는
거기서 아무것도 배우지 못하는 경우이다.

훈련 8

효과적으로 대화하는 법을
배워야 한다

인간적 조건은 말라버린 깊은 우물에 갇힌 사람의 경우에 비유되어 왔다. 도와달라고 외치는 소리는 메아리도 없이 공허하다. 우물 위를 휩싸는 바람에 그 소리들이 다 잠겨버린 듯하다. 희망은 점점 희박해져 간다. 희망이 거의 절망으로 되어갈 즈음 우물 위에서 응답소리가 난다: "우리는 당신이 그곳에 있는 걸 압니다. 도우러 가겠어요. 당신을 구출하겠습니다." 그 갇힌 사람의 마음은 기쁨으로 벅차다. "하느님, 감사합니다. 마침내 누군가 제가 여기 있는 걸 알게 되었습니다!"

실제로 대화도 이와 마찬가지이다. 타인에게 자신의 이야기를 털어놓고 개방하는 사람은 의심할 여지 없이 갇힌 사람이 가졌던 동질의 위안과 환희를 느낀다. "하느님, 감사합니다. 마침내 누군가 제 심정을 알게 되었습니다."

"은폐하는 만큼 곪아간다"

내부에 숨겨둔 비밀은 우리를 곪게 만드는 독으로 변한다. 그 비밀들은 마침내 우리를 멸망시킬 것이다. 다리에서 투신자살한 계관시인 베리먼(John Berryman)은 이런 시구를 썼다. "우리는 은폐하는 만큼 곪아간다." 어떤 것이 그를 죽음으로 내몰았는지에 대해서는 그만이 안다. 하지만 그가 남긴 시들, 그의 삶과 죽음은 우리에게 경

135

고하는 유산이다. 내면에 숨겨둔 것은 인간의 내면에서 발생하는 어떤 이상한 종류의 소용돌이를 거쳐 독성물질이 된다. 아직도 대부분의 사람들은 자신에게 치명타가 될 비밀을 숨긴다. 왜냐하면 거부나 조소, 비난을 감수하고 싶지 않기 때문이다.

비밀은 프라이버시라는 밀폐된 지붕에 갇힌 연기와 같다. 공유하기가 두려운 비밀은 무엇이든지 그 세력이 확산되어 결국에 가서는 무엇이 그것인지, 어디에서 시작하여 어디에서 끝나는지를 알지 못할 정도가 된다. 내가 그것을 하나하나 다 털어놓으면 그림맞추기 게임의 조각들처럼 의미가 만들어진다. 대화를 가로막는 첫번째 장애는 실로 각자의 내부에 있다. **스스로에게 말할 수 없는 것은 다른 사람들에게도 말할 수 없다.** 용기를 내어 개방하려고 해도 무엇을 말해야 할지 확신이 서지 않는다.

물론 나를 가두어 놓고 있는 두려움을 깨뜨리고 나갈 수 있는 계기가 되는 많은 기회가 수시로 찾아든다. 가식의 껍질을 벗고 은폐해 왔던 것들을 내보인다면 무슨 일이 일어나겠는가? 다른 인간에게 "나는 이런 사람이다"라고 털어놓는다면 무슨 일이 일어날까? 그들은 이해할까? 수많은 질문과 회의가 나를 덮치기 시작한다. 명성을 잃게 될까? 나를 조롱하거나 거부할 것인가? 내 정직성을 벌할 것인가? 그들은 후에 나의 고백을 이용할 것인가? 그들은 충격을 받았는가? 그동안 해 왔던 거짓말로 인하여 비난받지는 않을까? 물론 나는 거짓말쟁이였다. 내가 솔직하게 나를 밝히면 다른 이들도 솔직하게 말할까? 너무나 많은 질문과 회의 속에서 길을 잃을 지경이다. 나는 수많은 질문과 회의들 속에 실제가 있음을 인식하게 된다. 그러나 당분간 여전히 가면을 쓰고 있다. 하루만 더 추적당하지 않고 통과하기를 바라면서. 동료의 압력에 굴복당한다. 나는 내 실마리를 다른 이에게서 발견한다. 이 놀라운 세상에 존재하는 방식, 가면을 말이다.

대 화

대화란 참 좋은 단어이다. 사랑과 평화를 갈구하는 모든 사람들이 대화를 지향하는 듯하다. 대화는 사랑의 생명선이라고 불린다. 깊게 뜻을 파고들어가면 대화는 공유의 행위를 지칭한다. 두 명 이상의 사람들이 "공동의" 뭔가를 가진다. 그 뭔가는 공유되었다. 가장 심오한 측면에서 볼 때 대화는 인간 그 자체를 나누는 것이다. 계속 대화를 하다 보면 당신은 나를 알게 되고, 나 역시 당신을 알게 된다. 우리가 나누어 가진 공유점은 우리 자신이다. 물론 대화는 항상 부드럽고 고통과는 거리가 먼 어떤 것은 아니다. 당신에게 나를 알리려고 한다면 나는 내 심연 어디쯤에 숨어 들끓고 있는 분노를 당신과 기꺼이 나누어야만 한다. 나를 기죽게 할 것 같은 수치스런 두려움도 당신에게 말해야 한다. 때로 우리 사이에 시기심이 고개를 들 것이다. 당신을 지배하고 싶어 승패 싸움을 걸려는 유혹에 빠질 수도 있다. 어쨌든 나는 당신과 내가 한치의 어긋남도 없이 서로에게 개방되고 정직하려고 한다는 점을 확신해야만 한다. 나는 당신이 나의 개방을 이용하여 나를 비난하려거나 나를 떠날 구실로 삼지 않기를 바란다. 그리고 당신의 개방이 나에 의해 악용되는 일은 결코 없으리라는 점을 약속해야 한다. 당신의 말에 귀기울이기 위하여, 또 당신이라는 존재의 의미가 무엇인가를 알기 위하여 나의 일정을 뒤로 미룰 준비가 되어 있어야 한다.

친밀에 대한 두려움

친밀은 진실한 대화의 결과이다. 그러나 누구든 친밀에 대한 두려움이 어느 정도 있으며 이 이유 때문에 본능적으로 대화를 두려워한다. 여러 문제 가운데 하나는 두려움이 지문처럼 고유하다는 점이다. 당신이 친밀에 대해 가지는 두려움은 나의 것과는 다른 무늬로 형성되었다. 우리 가운데 더러는 **헤어짐**을 두려워한다. "내가 당신과 지나치게 친밀해지지 않으려고 하는 이유는 당신이 나를 떠날지도 모르기 때문이다. 당신은 죽을지도 모르고 나와 이혼할지도 모른다. 잃는 것보다는 사랑하지 않는 것이 더 안전하다." 또 어떤 이들은 **융합**을 두려워한다. "내가 당신과 모든 것을 공유한다면 무엇이 나에게 남겠는가? 그때도 내가 혼자일 수 있는 나만의 잔디밭, 나만의 장소가 있겠는가? 난 큰 초에 녹아든 한 방울의 밀랍은 되고 싶지 않다. 한 사람이 어디서 끝나고 다른 사람이 어디서 시작하는지 도무지 알아볼 수 없는 공생의 관계를 나는 증오한다. 그것은 한 그물 안에 포획당하는 것이지 친밀이 아니다."

또 **거부**를 두려워하는 이도 있다. "당신이 실로 나를 알게 되면 나를 좋아하지 않을 것이다. 한때 관심의 대상이었던 나에 대하여 모든 것을 알고 나면 점점 관심을 잃게 될 것이다. 당신은 변명이나 우연을 가장하여 나를 떠나 다른 이에게 가려고 할 것이다." 나 자신의 두려움은 **책임감**인 듯하다. 누군가와 너무나 가까워지면 그가 나를 필요로 할 때 그곳에 있어야만 한다고 여길 것이다. 그러나 지나치게 주제넘고 지나치게 관여한다는 느낌을 지울 수 없다. 나는 스스로와 너무 무거운 약속을 하고 싶지 않다. 이에 더불어 나는 나 안에 있는 약한 고리, 상처받은 부분과 상처 준 부분을 드러내는 것이 몹시 혐오스럽다. 나는 마치 전부를 가진 것처럼 행동했거나 그런 역할을 도맡아 왔다. 전 자아를 드러내기가 내게는 몹시도 어렵다. 나는 사람들이 내가 얼마나 분열된 인간인가를 알지 못했으면 한다. 이것이 내가 가진 완벽주의의 내용이다.

사람들은 종종 친밀한 관계가 깊이를 더해 갈 즈음에 그들 나름의 이유를 내세워 관계를 미리 절단한다. 논쟁, 토라지거나 뚱해 있기,

시기하거나 모멸하기 등은 친밀감을 파괴하는 탁월한 방법들이다. 이런 방법의 주된 문제는 그 방법을 쓰는 사람조차 내용의 본질을 알 수 없게 한다는 것이다. 우리는 스스로에게까지 친밀이 실제적 문제가 아니라고 확신시킨다. 이 방법들은 분노나 노여움 같은 "진지한 가장"으로 두려움을 감추며 사람들을 일정한 거리 밖에서 서성대게 하는 데 유효하다. 어느 누가 다루기 힘든 사람에게 접근할 수 있단 말인가? 물론 우리가 실로 두려워하는 것은 친밀인데도 말이다.

사랑의 행위로서의 대화

사랑의 대화에 반드시 전제되어야 할 것이 두 가지 있다. 하나는 자신을 주어진 선물로서 생각해야 한다는 것이고 두번째는 타인을 우리에게 — 때로는 잠정적이고 급하게 — 보내진 선물로 생각해야 한다는 것이다. 이러한 선물의 교환이 **대화**이다. 다른 이를 신임한다는 것은 분명 정중한 호의에서 나오는 행위이다. 마찬가지로 다른 이가 우리를 그들이 살고 일하는 곳으로, 그들의 비밀스런 방으로 데려간다는 것 또한 정중한 행위이다. 그런데 이러한 행위는 대화가 사랑의 행위로 보여질 때만 가능하다. 내가 당신에게 주어야 할 가치있는 선물은 나 자신일 뿐이다. 당신이 나에게 줄 수 있는 유일한 선물은 자기 표현을 통한 당신 자신이다. 이러한 선물의 교환에서 일어날 수 있는 위험을 기꺼이 감수하려 들지 않는다면 실로 서로에게 아무것도 줄 수 없다. 이런 관계는 욕구에 의한 것이지 사랑의 관계는 아니다. 서로에 대한 사랑이 지속되는 관계에서의 대화는 사치가 아니라 필수항목이다.

우리 둘 중 어느 한쪽이 자아의 공유를 하나의 수법으로 전락시킨다면 모든 것이 틀어진다. 내 기분을 바꾸기 위하여 혹은 당신이 나를 좀더 나은 인간으로 보도록 하려고 대화를 원해서는 안된다. 내가 원하는 대로 당신의 반응을 끌어내기 위해 나를 나누려고 해서도 안된다. 당신이 내게 책임감을 느끼거나 문제를 풀어주거나 혹은 죄의식을 가지게 하려는 의도에서 나 자신을 당신과 공유하려는 게 아니다. 내가 당신과 더불어 나를 나누려는 이유는, 단지 내가 누구이며 실로 나란 어떤 존재인가를 당신으로 하여금 알게 하려는 데 있다. 나는 나의 나눔을 부드럽고 민감한 손으로 당신에게 건네주려고 한다. 그러나 어떠한 숨은 의도도 없다. 당신의 뜻대로 하라. 이는 당신에게 주는 나의 선물이므로.

대화가 두 사람을 한 사람으로 만든다는 생각에 현혹되지 말아야 한다. 당신은 항상 당신이어야 하고 나는 항상 나의 자아 존중감을 유지해야 한다. 당신은 당신이고 나는 나이다. 우리는 각자 고유한 생각을 하고 각자의 선호를 지니며, 각자 선택한다(그리고 필요할 때만 타협한다). 시작일 때도 그러하고 지금도, 그리고 앞으로도 그러할 것이다. 당신과 대화하면서 나는 거울을 들여다보고 거기에서 당신을 발견하고 싶지는 않다. 또한 내 박자에 당신이 보조를 맞추는 것도 원치 않는다. 우리가 나누는 대화는 우리의 차이를 환영하면서 나누는 데서 그 아름다움이 돋보일 것이다. 우리 각자는 고유하다. 나의 존재다움은 당신의 존재다움이 아니다. 그러나 당신이 나를 당신의 고유한 세계로 인도하여 그것을 나와 나눈다면 나는 분명 이 나눔에 의해 풍요로워질 것이다. 그리고 내가 당신을 나의 사적인 세계로 인도하면 당신은 나를 앎으로써 풍요로워지며 그 풍요로움은 영원할 것이다.

대화 안에서 말하기

내가 당신과 더불어 나누어야 할 것은 너무나도 많다. 나의 **과거**가 있다. 이는 전기적인 사실을 단순히 서술하는 게 아니다. 당신에게 나는 웃음과 눈물에 대하여, 성공과 실패에 대하여 말해야 한다. 그리고 나의 삶을 형성하고 방향지었던 **기억**들에 대해서 말해야 한다. 하느님께서 우리에게 기억을 주셨으므로 우리는 12월에 장미를 가질수 있었다. 기억들 중 어떤 것은 눈부신 햇살에 녹아 있고 어떤 것은어둠으로 점철되어 있어 슬픔을 동반한다. 나는 당신에게 나 자신이사물을 보는 방식, 즉 **현실에 대한 비전**을 말해야 한다: 나 자신,내 삶 안에 있는 타인들, 나에 관한 세계, 내가 찬미하고 기도드리는하느님에 대한 비전. 또 숨은 **비밀**들, **희망**들, 나의 **가치**들을 나누어야 한다.

그러나 무엇보다 중요한 것은 당신에게 나의 **느낌**을 말해야 한다는 것이다. 어떤 것은 밝으며 어떤 것은 침울하다; 어떤 것은 아름답지만 어떤 것은 내가 보기에도 흉하다. 하지만 그것들은 전부 나의느낌이다. 나는 실로 그것들을 설명할 수 없다. 단지 묘사할 뿐이다.내 뿌리가 복잡하게 얽혀 있음을 안다. 내 느낌들 중 어떤 것은 근원적인 차원에서 불거진다. 그것은 내가 한번도 탐색해 보지 못한 매우 내밀한 곳에서, 그리고 그곳에 저장된 경험에서부터 비롯되었다.하지만 이것만큼은 안다: 내 느낌들은 나의 것이며 내가 당신과 그것들을 나눈다면 나는 가장 예민한 자아를 당신과 공유하고자 하는것이다. 나의 느낌들은 나의 모든 개인적 역사, 비전을 형성한 모든경험들을 다 에워싸고 있다. 또한 느낌들은 신체적 조건과 음식물섭취, 수면상태에 달려 있다. 우리는 분노 혹은 애정과 같이 일반적인 용어로 느낌들을 말하지만 실은 내가 느낀 대로 느끼는 사람은그 누구도 없다. 내가 나의 느낌들을 당신과 나눈다면 그것은 나의자아, 유일한 자아를 나누는 셈이 된다.

분명히 말하고 싶은 것이 한 가지 더 있다. 나는 당신이 이것을 영원히 알았으면 한다: **나는 내 느낌들을 전적으로 책임진다.** 대화에서 나는 책임자여야 하며 험담자가 되어서는 안된다. 험담은 일종의 게임이다. 그것은 현실로부터 나를 몰아낸다. 험담은 본질적으로, 책임을 다른 이에게 전가하는 방식이자 남을 누르는 권력을 유지하려는 방법이다. 험담은 희생자를 십자가에 못박고 싶어한다. 험담을 일삼는 사람은 성인이 되어서도 그들의 불행을 부모의 문간에 밀어넣고 싶어한다. 그들은 타인으로부터 어떠한 이해나 사랑도 충분히 받지 못했다. 그것은 헛된 게임인데 단지 자신에 대해 수용하지 못하는 것들을 합리화하는 일종의 변명에 지나지 않는다. 험담은 나의 죄의식과 당신에 대한 비난을 쏟아붓는 행위이다. "만약 이러저러하기만 했다면 난 잘 했을 텐데." 누구는 "옳고" 누구는 "그른" 인간관계란 없다. 험담에서는 모든 이들이 패배자다. 한동안 승리자라 자처하는 이는 기분이 좋고 으쓱거리겠지만 패배자는 만회할 기회를 기다린다. 험담자는 현실감을 상실한다. 상대방의 기분은 엉망이 된다. 험담 게임은 관계맺음의 대체물이거나 사기극의 일종이다. "성장은 험담이 끝나는 곳에서 시작된다"는 말은 얼마나 진실한가.

책임자 대 험담자. 그 차이를 설명하기는 쉽다. 책임자는 "나"의 말을 하는 반면 험담자는 "너"의 말을 한다. "난 화가 났어"라는 말은 "나"의 말이다. 분노가 자신 안에 있는 무엇인가로부터 발생했음을 아는 책임자의 말이다. "네가 나를 화나게 했어!"란 험담자의 비난조 말이다. 그 말은 상대방을 대리 희생자로 만들며 화자가 느끼는 분노의 책임을 청자에게로 전가시킨다. 책임자는 스스로 알게 되므로 성숙해 간다. 험담자는 위선과 고통의 세계에서 산다. 험담 때문에 현실로부터 괴리된 그들은 자신에 대해서나 타인에 대해서 아무것도 알지 못한다. 그 결과로 불행하게도 결코 성장하지 못한다.

당신과 더불어 나를 나누고자 하면서도 나는 상처받기 쉬운 곳을 감추고 싶은 유혹을 받을 것이다. 어떤 방은 폐쇄하고 싶다. 그곳에는 비밀스런 허약함이 살고 있으므로. 성공으로 가득 찬 승리의 방은 쉽게 내보일 수 있지만 실패로 생긴 상처들을 들키는 것은 원치 않는다. 하지만 유약함, 실패와 취약성을 감춘다면 그것은 완전한 자아를 나누는 것이 아니다. 보아주었으면 하고 바라는 부분만을 보임으로써 나는 나의 나눔을 짜깁기한다. 그리고 당신은 이를 감지할 것이며 당신 역시 내가 한 것과 똑같이 당신의 나눔을 편집하려 할 것이다. 하지만 내가 나의 전 자아를, 심지어 종기까지 나눈다면 당신은 내가 위험을 무릅쓰고 있으며 당신을 신뢰하고 있음을 감지할 것이다. 인간은 감염되기 쉬운 존재다. 그래서 당신 역시 똑같이 하고 싶어질 것이다. 사랑과 마찬가지로 대화는 결단이며 실천이다.

마지막으로 말할 것은 화자로서의 내가 당신을 판단하지 않으려고 애써야 한다는 점이다. 나는 각 인간의 고유한 신비를 찾기 위해 애써야 한다. 3파운드 3온스의 뇌는 가장 복잡하다는 컴퓨터보다 더욱 정교하다. 뇌에 저장된 수천 수만의 경험들 모두가 행동과 말에 재현되어 있다. 논리적인 정신운동을 하지 않더라도 당신은 심리적인 운동을 한다. 내가 당신의 가문, 가족에 속했더라면 혹은 당신의 이웃에 살면서 같은 학교를 다녔더라면 나는 지금의 나보다 더욱더 많은 부분에서 당신을 닮았을 수 있다. 그러므로 지금 여기에서 내가 인정해야 할 것은 나에게는 X-레이 안경이 없다는 점이다. 설령 내가 당신의 심중을 뚫어보는 것처럼 보이더라도 그것은 위선일 뿐이며 자신의 투사에 불과하다. 나는 당신이란 신비 그리고 나라는 신비를 진심으로 존중해야 할 것이다.

대화 안에서 듣기

"진실하게 듣기, 공감하면서 듣기"는 실은 거의 개발되지 않은 재능이다. 일생 동안 다섯 명의 좋은 경청자만 만나도 큰 축복이다. 무엇보다 내가 진실하게 듣는 재능을 키워야 하는 이유는 당신이란 존재를 진실로 알고자 하기 때문이다. 이는 당신이 말하는 것보다 더 많은 것을 듣겠다는 의미이다. 목소리를 진동시키는 감정들을 듣고 발성어에 따라붙는 얼굴 표정과 몸의 언어를 본 것이며, 당신의 나눔에 대하여 나의 대응을 미리 머리로 챙겨 두지 않고 진지하게 당신을 공감하고 감사할 것이라는 것이다. 내가 당신의 선물에 얼마나 감사한지에 대해 말할 것이다. 당신의 신뢰를 정중하게 존중하겠다고 약속할 것이다.

하느님께서 우리에게 입 하나를 주신 반면 두 개의 귀를 주셨음에도 불구하고 대부분 우리들은 잘 경청하지 못한다. 우리는 말이 떨어지기가 무섭게 작은 충고를 제시하고, 과거의 실례를 말하고, 우리가 경험한 것을 늘어놓는다. 종종 우리는 문제 해결사의 역할을 자청한다. 혹은 내 삶을 근거로 제시하면서 대화를 주도한다. 때로는 말하는 사람을 막음으로써 미숙한 경청자로서의 자신을 드러낸다. 잔디를 밀거나 눈에 띄게 거부하거나 엉뚱한 질문을 하거나 주제에서 쉽게 이탈해 버린다. 어떤 이들에게는 침묵이 고통스러운데, 그래서 그들은 공백을 메우려고 마구 말해 버린다.

좋은 청자는 예전에 좋은 화자가 되려고 시도한 사람이다. 그래서 좋은 청자는 개방한다는 것이 얼마나 고된 일인지를 안다. 좋은 경청자는 의미를 더 분명하게 알기 위해서 혹은 내가 놓친 섬세한 부분을 알기 위해서만 당신의 말에 끼어들 것이다. 내가 끼어드는 것은 고의로 당신을 혼란스럽게 하려는 게 아니다. 그리고 나에게 당신을 선사하는 데 필요한 주위 환경을 제공하려고 애쓸 것이다. 좋은 청자가 되는 데는 훈련과 노력이 요구된다. 그런데 무엇보다 더 절실히 요구되는 것은 진실로 공감할 수 있는 능력, 정말 당신의 존재됨이 무엇인지를 알고자 하는 끈기있는 호기심이다.

"머리와 가슴으로 듣는다"는 말을 익히 들어왔다. 논리적인 자세로 어떤 주제를 다루듯 하는 것은 머리로 듣는 행위일 뿐이다. 이러한 청자의 태도에 말하는 이는 기운이 빠진다. 어떤 이는 이렇게 애

원한다. "제발 내가 말하지 않는 부분까지 들어주시오." 모든 사람들이 본능적으로 이를 이해한다. 적절한 말이 떠오르지 않을 때나 그런 말을 할 용기가 생기지 않는 때가 있다. 우리는 경청자가 가슴으로 그 의미들을 채워주리라고 기대해야 한다. 대화에 있어서 가장 중요하지 않은 것이 말 그 자체임은 너무나 자명하다. 기쁨과 비애, 애정과 좌절, 희망과 절망은 말보다 더 여러 다양한 통로를 통해서 전달된다. 이러한 것은 가슴으로만 포착될 수 있다. 사랑을 행하는 바로 그 가슴으로만 말이다.

대화 안에서의 의미론과 여타 문제들

말은 표징들이다. 불행하게도 같은 말로 상징되는 실제가 사람들마다 다르게 해석된다. 행복하다는 것을 "달콤하다"라고 표현하는 사람이 있는 반면 어떤 이는 같은 것을 생각하면서 치를 떨 수도 있다. 다음의 말은 사실이다: 말은 사람마다 다른 의미를 지닌다. 청중 앞에서 이야기해 본 사람이면 청중들이 제각기 조금씩 다른 메시지를 듣고 있다는 것을 누구나 알 수 있다. 가령 "월요일이 되면 마음이 졸여진다"라는 말이 여러 의미로 받아들여진다. **마음이 졸여진다**라는 것이 "두렵다"를 의미하기도 하고, "갈망"하거나 "흥분"된다고 해석되기도 한다.

말하는 사람이나 듣는 사람 모두 이 문제를 잘 알아야 한다. 의미를 공유하기 위해 요구되는 훈련은 어떤 명확성을 제공할 수 있다. 말하는 사람은 듣는 사람에게 무엇을 들었는지에 대해 되물어본다. 이 과정을 통해서 보내진 메시지가 그대로 받아들여졌음을 알고 만족할 수 있다.

그 다음의 문제는 편견이다. 우리는 누구나 온갖 종류의 편견으로 뭉쳐진 존재들이다. 가령 우리가 좋아하는 이름은 과거에 우리가 좋아했던 사람의 이름일 경우가 많다. 우리가 좋아하지 않는 이름 또한 과거에 우리가 좋아하지 않았던 사람들의 이름일 경우가 많다. 우리는 모든 일에 대해 편견을 가진다. 음식·색깔·스타일·인종·종교까지. 편견은 미숙한 판단인데 그 이유는 잘못되었거나 완성되지 못한 증거를 바탕으로 하기 때문이다. 편견으로 움직여지는 마음은 모든 사실들을 다 수집하기 전에 판단해 버린다. 대개 이러한 일은 의식적이든 무의식적이든 감정에 의해 일어난다.

편견이 대화를 방해하고 손상시킴은 명백한 사실이다. 내가 모든 대화에 나의 작은 점검 수첩을 들고 다닌다고 치자. 나는 당신이 내게 동의하는지 알기 위해, 혹은 당신이 어떻게 나의 점검 사항들과 어긋나는지 알기 위해 들을 뿐이다. 당신의 존재됨을 알기 위해 듣기보다는 당신이 "괜찮은 젊은이" 범주에 속하는지 어떤지를 알기 위해 나의 목록들과 대조할 것이다. 또한 편견은 당신 안에 있는 선함을 볼 수 없도록 마음을 차단시킨다. 당신이 몇 년 전에 했던 말을 기억하기 때문이다. 난 이미 그때 당신의 성적을 매겼으며 그것을 재고하지는 않는다. 마지막으로 나에게는 당신에 대해서 뭔가 좋지 않게 생각하는 것이 있을 수 있다. 그것은 당신의 외모나 매너리즘 혹은 정치적인 설득력일 수 있을 것이다. 내가 이처럼 어떤 혐오의 뿌리에 묶여 당신에게 개방되지도 당신을 공감하며 경청하지도 않게 된다면, 나는 편견의 희생물이 되는 것이다.

대화에 걸림돌이 되는 또 하나의 장애는 상상이다. 명확하게 전달되지 않으면 상상은 빠진 부분을 채우려는 경향을 띤다. 당신이 나를 좋아한다고 말하지 않는다면 나는 아마 당신이 나를 좋아하지 않는다고 상상할 것이다. 대화가 있을 자리에 상상이 동원되면 오해가 생기는 것은 불가피하다. 이런 가능성은 말하는 사람이나 듣는 사람 모두에게 일종의 부담으로 작용한다. 말하는 사람은 듣는 사람의 상상이 개입할 여지를 가능한 한 남기지 말아야 한다. 하지만 듣는 사람 역시 그의 해석을 점검해야 한다. "난 당신이 나에게 몹시 화가 나 있다고 느껴집니다. 사실인가요, 아니면 나의 상상일 뿐인가요?"

그만두고 싶은 충동

"승리한 자는 결코 그만두지 않는다. 그만두는 자는 결코 승리하지 못한다"라는 말은 누구나 들어봄직한 문구이다. 그리고 이 말에는 대화에도 적용될 수 있는 어떤 진실이 있다. 최적 상태로 잘 통하던 대화가 폭풍우 속으로 침몰하는 때가 있다. 오해와 논쟁, 섣부른 판단이 건실하던 대화에 쉽사리 끼어들 수 있다. 단언하건대 이같은 위기는 누구에게나 주기적으로 온다.

위기란 결단력을 시험하는 것이다. 비난하거나 험담하는 대신 주인 의식을 주장해야 할 때가 있다. 우리 험담자는 늘 선악의 문제 혹은 시비의 문제를 생각하려는 유혹을 받는다. 누구에게 문제가 있으며 그 이유는 무엇인가를 규명하고 싶어하는 것이다. 하지만 대화가 잘 통하지 않고 폭풍우를 만날 때면 그 유혹은 적용되지 않는다. 우리는 그만두고 싶은 충동에 대화를 포기하게 되는데 그 책임은 전적으로 우리 자신의 것이다. 당신은 내게 말할 것이다. "나 안에 있는 어떤 것 때문에 당신의 존재를 이해하려는 노력을 그만두겠어요. 우리 중 누가 혹은 둘 다 잘못된 의견을 가졌었거나 잘못된 판단을 한 것 같아요." 하지만 나는 골이 나서 가버리거나 사과를 요구하지 않겠다. 사랑은 그렇게 작은 게 아니며 대화는 사랑의 행위이기 때문이다. 사랑의 한 부분인 결단내리기는 대화를 유지하려고 노력하는 것인 동시에 실행하는 것이라고 나는 확신한다.

위기를 잘 극복하고 나면 관계는 더 공고해지는 법이다. 그것은 부러진 뼈와 같다. 뼈 주위에 칼슘이 자연적으로 보충되므로 치료 과정이 다 끝난 후에 뼈는 실제로 더 강해진다. 우리들 대부분은 때로 그만두고 싶고 포기하고 싶고 험담하고 싶으며, 다른 이의 위로나 이해를 구하는 일을 끝내고 싶어한다. 이때 대화의 창구를 다시 세우고 계속 시도하는 일이 더 중요하다고 나는 생각한다. 이러한 노력과 수행에 의해 관계는 지속적으로 더욱 견고해지므로 더욱더 변함없는 관계가 되어갈 것이다.

대화에 관련된 생각들의 발전을 위하여

1. 대화에 대한 당신의 극단적인 두려움을 찾아내어라.

어떤 대상 혹은 활동에 대한 극단적인 두려움은 대개 이러저러한 최악의 사태가 일어날 것이라고 예견하기 때문에 생긴다. 대화를 방해하는 당신의 편협한 두려움에 직면하도록 노력하라. 당신이 모든 이에게 개방되고 정직해진다면 어떤 최악의 사태가 벌어지는가? (개방되고 정직해지는 것은 모든 비밀을 모든 사람들에게 털어놓는다는 의미가 아니다.) 당신이 진실로 공감하면서 경청하는 사람이 된다면 어떤 최악의 사태가 벌어지는가? "친밀"에 대한 특성들 가운데 당신을 가장 놀라게 하는 것은 구체적으로 무엇인가?

2. "나의 존재됨"에 대하여 써 보자.

당신의 가장 깊은 자아에 대하여 적어 보라. 그런 다음 그것을 당신의 가장 친한 대화 상대자에게 주라. 그 사람에게 당신이 적은 내용이 정말 당신을 잘 설명하고 있는지 물어 보라. 우리들에게는 사적인 자아와 공적인 자아가 있다. 당신의 두 자아는 서로 일치하는가? 사람들이 당신을 정말 안다고 생각하는가? 그렇지 않다면 당신이 개방하지 않아서인가 혹은 다른 사람들이 당신에게 세심하게 귀기울이지 않기 때문인가?

3. "당신(다른 이)의 존재됨"에 대하여 또 한 장을 써라.

친구, 신뢰하는 사람 혹은 연인을 깊이있게 묘사해 보라. 당신의 묘사는 당신이 받은 인상에서 비롯된 것이므로 잠정적임을 확신하라. 우리는 그들이 말한 바를 전혀 틀리지 않고 다시 그들에게 말할 수 없다. 다만 들은 바를 말할 뿐이다. 당신이 관찰한 것, 해석한 바를 그와 나누어라. 그리고 이렇게 질문하라. "나는 잘 듣는 경청자였던가? 나는 당신이 '하느님, 감사합니다. 누군가가 마침내 저의 존재를 알게 되었습니다!' 라고 말하고 싶도록 만드는가?"

❖ 기억하라 ❖

"우리는 은폐하는 만큼 곪아간다."
그리고 자유롭게 주고 감사하게 받을 수 있는 만큼 건강하다.

삶의 좋은 점을 즐기는 법을
배워야 한다

탈무드는 랍비들의 지혜를 모은 책으로 예수 시대까지 그 기원이 거슬러올라간다. 내 관심을 끌었던 탈무드의 한 구절이 있다: "누구든 자신에게 할당된 정당한 즐거움을 제대로 즐기지 못한다면 그는 그것에 대해 책임져야 할 것이다." 이러한 생각을 해본 사람은 많지 않으리라. 하느님께서 바라시는 것은 그분이 주시는 모든 선물을 우리가 즐기는 것이다.

우리는 순례자들로서 거룩하고 행복한 곳, 아버지의 집으로 가는 도중이다. 이런 생각을 할 때면 나는 옛날 지금의 동부 해안에 착륙했던 순례자들을 떠올린다. 동부 해안에서 출발하여 캘리포니아에 닿은 그들을 능히 상상할 수 있다. 그들이 계속 눈을 내리깐 채 죽어라고 일에만 매달렸다고 상상해 보라. 그들이 "우리는 캘리포니아에 도착했어야만 했는데"라고 계속 투덜댔다고 가정해 보라. 그렇게 함으로써 그들이 놓쳤을 장대한 광경과 아름다움을 생각해 보라. 하늘과 호수, 일출과 일몰의 장엄함, 계절이 변화하는 아름다움: 봄에서 여름과 가을을 지나 흰 겨울까지. 내리깐 눈을 하고 무서운 집착만을 보이는 순례자는 얼마나 어리석은가?

우리 가운데 많은 이들이 그런 어리석은 순례자를 닮았다. 무엇을 하려고 결단하든 어디로 가려고 결단하든, 그것에 너무나 몰두한 나머지 그 길을 따라 펼쳐지는 아름다움의 많은 부분을 놓친다. 즐거워하는 기술을 잃게 되는 것이다. 탈무드가 옳았다고 생각한다. 하느님은 모두가 즐거움이라는 기술을 개발하기를 원하신다.

마음이 즐거우면 앓던 병도 낫고
속에 걱정이 있으면 뼈도 마른다(잠언 17,22).

즐거움 역시 내면적 작업이다

행복이 각자의 내면적 근원에서 출발하는 것과 마찬가지로 즐거움도 내면에서 시작된다. 고대 로마의 철학자 에픽테투스(Epictetus)는 동시대인들에게 다음과 같이 설파하고자 했다. "그것은 모두 당신이 사물을 보는 방식 안에 있다." 감옥의 철창 밖을 내다보고 있는 두 사람을 상기하라. 한 사람은 진창을 다른 한 사람은 하늘의 별을 보고 있음을. 즐거움은 주변 환경보다는 마음에 달렸다. 즐거움은 사실 기회가 아니라 선택이다. 어떤 이들은 다른 이들보다 훨씬 더 삶을 즐거워한다. 삶을 즐거워하는 사람들이 그렇지 못한 사람들보다 반드시 더 많은 것을 선사받았거나 더 많은 행운이 뒤따랐던 것이 아니라는 점을 우리는 잘 안다. 그들은 삶을 즐거워하기로 마음의 다이얼을 맞춘 반면 다른 이들은 삶을 통해 고군분투하려고만 작정한다.

즐거워하려는 의향은 어릴 때부터 있어 온 일종의 태도나 마음의 자세인 듯하다. 우리는 "삶의 목적이 무엇인가?"라고 질문하면서 세상으로 들어온 듯하다. 대답은 가득 찼고 우리는 자신의 결론을 내렸다. 물론 그 질문에 대한 대답을 어디에서, 누구로부터 얻었는지를 말하기란 불가능하다. 중요한 것은 대답을 얻었다는 점이다. 우리가 들었던 것이 말해진 그대로의 것이 아닐 수도 있지만 어쨌든 그것은 우리의 대답이 되었다. 그것은 우리의 기대를 결정했으며 무

엇을 예견해야 하는지를 말해 주었다. 우리는 나머지 삶을 자아만족
적으로 예언하고 있다.

이렇게 개발된 마음의 자세라는 렌즈를 통해 우리는 실재를 보는
방식과 삶을 보는 방식을 배웠으며, 삶이 즐거울 것이라고 혹은 어
려울 것이라고 기대하게 되었다. 아침마다 이런 마음의 자세로 잠에
서 깨어났으며 그것은 우리의 매일매일을, 전 경험을 채색했다. 때
로는 인정하기가 어렵지만, 사실 이러한 마음의 자세를 통해 자신의
경험들을 형성하고 결정해 온 것이다. 또한 마음의 자세는 우리의
경험과 매일의 삶을 행복하게 혹은 슬프게 만들었다. 기본적인 태도
나 마음의 자세가 유년기에 이미 프로그램되었다는 사실을 이해하기
바란다. 그것은 타인이 제안한 것의 결과이며 그 제안들에 대한 자
신의 해석이 낳은 결과이다. 이러한 태도나 마음의 자세는 서서히
우리의 일부가 되어갔으며, 마음의 다이얼을 투쟁하거나 즐거워하는
쪽으로 혹은 그 중간쯤에 맞추어 놓았다.

ACOA와 초기 프로그래밍

알코올 중독의 회복을 모색하는 영역에서 최근 개발한 것은 ACOA
(Adult Children of Alcoholics)라는 집단이다. 내가 알게 된 두 대
학생들은 알코올 중독자의 자녀들이었는데 나의 이해에 도움을 주었
다. 그들의 아버지는 알코올 중독자였다. 두 경우 모두 학생들이 막
사춘기에 접어들면서 아버지가 술을 끊었다. 하지만 실제로 중독자
인 부모로부터 받은 메시지는 이미 부모라는 테이프에 기록되어 있
었다. 학생들은 그 메시지를 이렇게 묘사했다: "만지지 마라. … 말
하지 마라. … 어느 누구와도 가까워지지 마라. … 너 자신이 느끼도
록 허용하지 마라. … 간섭하지도 말고 누가 널 간섭하게 하지도 마
라. … 경계를 늦추지 말 것이며 불의의 것에 항상 대비하라."

물론 이들이 보거나 반응하는 방식은 각기 다르지만 일반적인 공통점은 삶을 무채색으로 본다는 것이다. 정서의 불감증, 관계맺음에 대한 두려움, 자신의 반응에 대한 불신 등이 있는 듯하다. 때때로 전 세상이 대규모로 행복한 나들이를 하는 듯이 보이기도 한다. 그들은 이 나들이에 초대받지 못했다고 느낀다. 그는 혼자 서서 울타리를 슬프게 뚫어져라 쳐다본다.

이들은 모든 사람들과 마찬가지로 다시 적응해야 하고 재수정되어야 한다. 그렇게 될 수 있다. 하지만 옛 습관은 버려져야 하고 새로운 습관은 훈련되어야 한다. 한 시간 동안 실험적으로 살아 보라. 삶을 즐거워하겠다고 결심하라. 그 시간에 주어질 좋은 점들을 높이 평가하며 그 시간에 제공될 기회를 활용하겠다고 결단하라. 이런 식으로 매번 시도하다 보면 즐거움이라는 습관을 가지게 될 것이며 종국에 가서는 이 습관이 고정된 하나의 자세가 될 것이다.

많은 재능을 타고난 듯이 보이는 한 젊은 여성을 가르친 적이 있다. 그녀는 지적인 총명함과 신체의 아름다움을 겸비했으며 운동에서도 탁월한 재능을 보였다. 그런데 그녀의 표정은 항상 긴장되고 고통스러웠다. 그녀가 나와 이야기하기 위해 찾아왔을 때 나는 그녀의 표정이 그녀의 선함과 재능과는 어울리지 않는다고 말했다. 그녀는 잘 알고 있다고 나에게 설명했다. "아시겠지만 저는 입양되었어요. 양부모님들은 한번도 그런 식으로 말하지는 않았지만, 저는 그들을 실망시키게 되면 고아원으로 되돌아가야 한다는 생각이 늘 뇌리를 떠나지 않았어요. 살얼음 위를 걷는 기분이었지요. 어느 누구의 사랑도 확신할 수 없었습니다."

그녀는 살얼음 위를 계속 걷는 삶을 살아온 것이다. 그래서 사람들의 기분을 상하지 않게 하려고 애써 왔으며 그들이 자신을 고아원으로 되돌려보낼까봐 두려워했다. 이는 새로운 비전을 필요로 하는 구습의 비전에 관련된 경우였다. 다행스럽게도 지금은 그 새로운 비전이 자리를 잡아가는 과정이며 문제의 그 여성은 서서히 즐거움을 만끽할 줄 아는 행복한 인간으로 되어가는 중이다.

ACOA 모임에서는 누군가로 하여금 당신에게서 행복을 박탈하도록 허용하는 것을 "악취나는 생각"이라고 부른다. 우리는 온갖 잘못된 일을 걱정하고 하찮은 것을 위하여 땀을 흘리며, 마감선에 마음을 뺏기고 결정내린 것을 근심한다. 그럼으로써 다른 것이 그리고 다른 사람이 우리에게서 하느님의 뜻이기도 한 삶에 대한 즐거움을 박탈해 가도록 허용하고 있는 것이다.

베티와 프랭크

전에 내가 가르친 바 있는 조용하고 수줍어하기 잘 하는 한 소녀가 나를 만나러 왔다. 몇 분 동안 상담을 한 후 나는 그녀에게 공식 간호원으로 일하고 있느냐고 물었다. "아닙니다. 저는 죽어가고 있어요. 백혈병 말기입니다." 물론 난 너무 놀라 숨이 막힐 지경이었다. 충격에서 좀 회복되고 난 다음에 나는 베티에게 그건 어떤 것이냐고 물었다. "앞날이 창창하다고 생각되는 시기인 24세에 갑자기 시한부 인생을 살아야 됨을 알게 되는 것은 어떤 것이지?" 예의 그 수줍어하는 평온한 태도로 그녀는 대답했다. "잘 설명할 수 있을지 모르겠지만요, 요즘이 제 삶에서 가장 행복한 시간이랍니다. 앞으로 시간이 많이 남아 있다고 생각할 때는 모든 것을 연기하기가 쉬워요. '내년 봄에는 반드시 꽃의 향기를 맡을 수 있는 여유를 가질 거야'라고 말하면서 말입니다. 하지만 남은 시간이 얼마 없다면 바로 오늘 꽃향기에 취하고 봄 햇살에 몸을 맡기게 되죠. 제가 앓는 병 때문에 척추 주사를 여러번 맞았어요. 아주 고통스런 과정인데, 제 남자 친구가 주사를 맞는 동안 손을 잡아 준답니다. 저는 제 척추 안에 들어오는 주사바늘보다 제 손을 잡은 그의 편안한 손을 더 많이 느낀답니다."

우리는 오랫동안 죽어가는 것에 대하여 그리고 충만한 삶을 보장하는 관점들에 대하여 이야기를 나누었다. 삶이 언젠가는 마감되리라는 것을 알지 못하는 사람은 결코 충만하게 살 수 없다는 이야기를 전에 들은 적이 있다. 베티는 왜 이 말이 진실인가를 이해하는 데 도움을 준 것이다. 이제 그녀는 죽었다. 백혈병이 끝내는 그녀를 앗아갔다. 하지만 그녀는 삶에 있는 모든 좋은 점들을 즐거워해야 할 필요성에 대해 더 심오한 통찰을 남기고 갔다. 마치 그녀를 통해 하느님이 나에게 이렇게 말씀하시는 듯했다. "너는 순례자이다. 그러니 그 순례를 즐거워하려고 노력하라."

즐기는 마음 자세를 이해하도록 도움을 준 사람이 또 있다. 그의 이름은 프랭크였다. 모든 사람들이 그를 좋아했다. 그는 따뜻하고 친절했다. 항상 미소를 머금은 그는 "작은 것"을 높이 평가하는 만큼 "보잘것없는 사람들"을 좋아했다. 그런데 그가 갑자기 죽은 것이다. 한때 그는 부유했지만 그다지 많은 재산이나 주식을 남긴 것은 아니다. 하지만 그는 베티처럼 나에게 "나의 특별한 즐거움 목록"이라는 글 두 장을 마지막 유산으로 남겼다. 그는 일상의 즐거움을 기록함으로써 즐기는 능력을 개발해 갔다. 성인이 된 이후 그는 삶이 즐거움으로 가득 차 있다는 "마음의 자세"를 한치의 의심도 없이 가지게 되었다. 그는 삶에 있어서의 모든 유머와 무지개와 나비들을 즐거워하도록 마음의 다이얼을 고정시켜 두었다. 목록에 따르면 프랭크는 이 땅에서 살아오는 동안 많은 것들을 즐거워했다. 이를테면 풍경들, 일출, 축하엽서 쓰기, 나는 새들, 사진 앨범, 보스턴 팝스 오케스트라, 벽난로 앞에서 낱말 맞추기 게임하기 등이었다. 그의 긴 목록 마지막에는 같은 항목이 네 번이나 연달아 있었다: "아이스크림, 아이스크림, 아이스크림, 아이스크림." 프랭크는 분명 그만의 고통에 시달렸을 것이지만 항상 삶의 좋은 점들을 즐거워했다. 그래서 그는 항상 나에게 중요한 역할 모델로 남아 있을 것이다.

악마들의 낭랑한 외침

삶을 즐기려는 마음의 자세는 다른 감정이나 사고방식을 감추는 은폐물이 될 수 없다. 우울과 투쟁을 감추는 단순한 덮개로 사용되어서는 안 된다는 것이다. 그것은 다른 것 위에 또 하나의 가면을 씌우는 것이 된다. 우리는 먼저 우리가 기쁨을 자제하는 이유를 찾아내야 한다. 심리학자들의 연구 결과에 따르면 기쁨에 대한 우리의 능력을 감소시킬 수 있는 가능한 이유들이 너무나 많이 있다. 우리들 각자는 자신의 개인적인 악마들을 떨쳐버리기 위해 내부의 공간을 조사해야 한다. *The Screwtape Letters*에서 C. S. 루이스는 악마가 그의 부하에게 한 지시를 설명해 놓고 있다. "이 사람은 이런 식으로 유혹하라. 그러나 저 사람에게는 그러한 기술은 사용하지 마라. 그것은 헛된 짓이 될 것이다. 이런 식의 접근법을 시도해 봐라" 등등. 나는 우리들이 기쁨에 대해 각자가 유일하고 주문에 맞춘 듯한 장애물에 의해 유혹을 받는다고 확신한다.

그 유혹은 어린시절부터 받아온 직접적인 메시지일 수도 있다. 어느 누구도 말해 준 적은 없으나 우리는 보고 경험한 것으로부터 삶이란 기쁨을 발견하는 것이 아니라고 결론짓게 되었다. 어릴 때 듣고 기록한 불건전한 메시지들은 우리가 구별해 내거나 수정해서 소유하지 않으면 무의식적으로 일생 동안 우리에게 계속 영향을 미칠 수 있다. 당신의 무의식 속에 다음과 같은 메시지가 작동하고 있지는 않은가? "삶은 투쟁이다. 어느 누구로부터도 행운을 기대하지 말라. 춥고 잔인한 세상에서 구출될 때까지 기다려라."

많은 이들이 자기 학대형이다. 우리는 자신의 모든 실수를 상세히 기억하며 자신의 죄에 대해 사서의 기록처럼 상세히 간직한다. 한 위대한 정신병 학자는 우리의 죄를 용서해 주는 하느님이 하늘에 있으나 우리는 스스로를 훨씬 더 마지못해 용서한다고 말한다. 그것은 마치 우리가 스스로를 판단하고 모든 근육과 섬유조직과 뇌세포에 우리의 실패를 기록하는 것과 같다. 죄 콤플렉스는 확실히 대다수의 인간들이 싸워야 하는 기쁨을 억제하는 것들 중의 하나이다.

완벽주의의 끔찍한 대가에 대해 이미 토론했었다. 완벽주의는 우리에게서 풍요한 삶을 앗아가므로 "자살 행로"라고 부른다. 우리는 완벽하지 않기 때문에 또 우리가 하는 어떤 것도 완벽하지 않기 때문에, 언제나 실패할 여지가 있고 그리고 이러한 실패가 우리의 낮과 밤을 채울 때 실망과 절망이 몰려온다.

우리는 누구나 열등감을 가지고 있다. 열등감을 가지고 있지 않은 것처럼 보이는 사람은 단지 그런 체하는 것뿐이다. 그들의 허식은 자만이 될 수도 있지만 그것은 속임이다. 우리는 불안정의 영역들을 모두 가지고 있다. 열등감은 상대적인 용어이다. 이것은 우월감에 반대되거나 대응된다. 열등감은 항상 비교를 내포한다. 자신과 다른 사람을 비교함으로써 다른 사람이 나보다 더 멋지고 더 잘 생기고 더 능력있고 더 덕망 높다는 것을 발견한다. 비교는 항상 열등감의 시작이다. 그리고 우리 자신에게 기쁨을 느끼지 못할 때 그밖의 다른 것에서 기쁨을 느끼는 것은 거의 불가능하다.

절대적 사고는 또한 기쁨의 근본을 해친다. 절대적 사고란 예를 들면 나는 내가 되었어야 할 모든 것이 아니기 때문에 나는 아무것도 아님에 틀림없다거나, 혹은 나는 완벽하게 정직하지 않기 때문에 완전히 사기꾼임에 틀림없다고 생각하는 것이다. 미사에서 영성체를 위해서는 약간의 조용한 시간과 얼마간의 반성이 요구되는데 그것은 나 안의 모든 부분이 하는 것이다. 하지만 그중 일부분만 선하고 아름다워지고 다른 부분은 회개하지 않은 채 남아 있다. 일부분은 밝고 또 일부분은 어두운 채로, 일부분은 믿고 또 일부분은 의심하며, 일부는 사랑하고 일부는 이기적이다. 우리가 절대적인 사고라고 불렸던 것은 미사 성찬식 동안 사라질 수 있다. 그것은 검정과 흰색 사이의 회색지대를 좋아하지 않기 때문이다. 그리고 이 절대적인 사고는 실체는커녕 과정이라는 단어도 알지 못한다. 그것은 명암과 색조가 없는 완전히 한 조각의 천이 되기를 원하기 때문에 점진적인 성장과 변화를 즐기지 않는다. 그것은 행복을 제거하고 부정하는 거대한 능력을 가지고 있다. 모든 것이 완벽하게 잘 진행되어야 하고 모든 사람이 자기 편이 되며, 납득되어야 하고 모든 학점이 A가 되어야 한다. 그렇지 않으면 그것은 영혼의 어두운 밤과 같다.

최종적으로 우리는 가정들을 점검해야 한다. 우리들 중 몇몇은 비합리적인 가정들 위에 삶을 이룩한다. 예를 들어 "나는 나 혼자 있을 때 즐길 수 없다". 이러한 비합리적인 가정들은 자기 완성적인 예언으로 전환되는 힘이 있다. 혼자 있을 때는 행복이 없다고 가정하는 사람은 혼자 있을 때 결코 행복하지 않을 것이다. 다른 사람들과 사물들이 우리를 행복하게 해준다고 가정하는 사람은 항상 결국에는 실망을 하게 될 것이다. 아마도 가장 치명적인 가정은 "나는 이런 식이고 저 사람은 저런 식이다"라고 믿는 것이다. 유년기가 불행했기 때문에 그의 삶이 불행한 삶으로 운명지어졌다고 느끼는 한 남자와 오랜 토론을 가졌던 것이 생각난다. 그가 변화될 수 있다고 내가 얘기할 때마다 그는 내가 귀를 기울이고 있지 않다고 항의했다. 그의 가정을 흔들리게 하는 것이 매우 어려웠다.

악마들을 몰아내기

행동 모방 이론자들은 우리가 "기쁨의 거절 조건"의 실체를 정확하게 이해하지 못해도 변화할 수 있다는 것을 확신한다. 유일하게 중요한 것은 변하는 것이며, 이것은 상벌체제를 고안함으로써 이루어질 수 있다. 예를 들어 당신 개인의 악마가 삼손처럼 힘이 솟는 그의 추한 머리카락을 기른다고 가정하자. 그런 당신의 악마에도 불구하고 당신이 어떤 것을 얻고 즐긴다면 스스로에게 상을 주어라. 만약에 악마가 이긴다면 당신 스스로에게 다소 작은 응징을 가하라. 예를 들어 손목에 고무 밴드를 매고 다니다가 악마에게 굴복당할 때마다 고무 밴드를 튀겨라.

내가 즐거운 저녁을 보냈으나 조그만 사고로 기분을 망쳤다면 왜 그랬는지 생각해 보아야 한다. 기분좋은 저녁식사를 하고 훌륭한 쇼도 구경했으나 주차하는 데 6달러를 지불했기 때문에 기분좋지 않게 집으로 돌아온다면, 나 자신에게 몇 가지 질문을 해야 한다. 문제에 관한 통찰은 그 문제의 해결에 큰 도움이 된다. 모든 사람이 나를 좋아하는데도 유일하게 한 사람이 나를 좋아하지 않는다고 상상해 보자. 그리고 이 유일한 사람에 의해 기분이 엉망이 된다고 상상해 보자. 이것은 개인적인 연구에 관한 문제가 될 것 같다. 어떤 사람은 악마의 이름을 소리내어 부르면 그것을 길들일 수 있을 것이라고 말한다. 나 역시 기쁨을 앗아간 혐의로 작은 악마의 이름을 부르고 노출시키는 것이 큰 도움이 될 것이라고 생각한다. 한 정신과 의사가 다음과 같이 말했다. "우리는 행복해질 수 있다는 것을 모두 안다. 그러나 **만약** 혹은 **그러나**라는 것이 항상 존재한다. 자, 이제 우리가 **그러나들**을 탈락시켜야 할 때라고 말한다." 내 삶의 기쁨을 제한하는 "만약"과 "그러나"는 무엇인가? 때때로 통찰은, 그것이 충분히 분명하고 강력해진다면, 삶의 전환이라는 결과를 낳을 수 있다.

한때 나는 사람들이 쓴 가면에 대한 긴 목록을 만들었다. 나는 그 가면을 쓴 사람들에게 엘머는 대머리 혹은 지식인, 페퍼민트 패티는 사람을 기쁘게 하는 사람, 데니스는 현관 매트(학대받고도 잠자코 있는 사람), 폴리는 호저와 같은 별명을 붙였다. 우리들 각자가 쓰고 있는 가면을 발견하여 그것을 벗어버리도록 하는 것이 나의 희망이다. "나는 다른 사람들의 가면들 모두에서 나 자신을 조금씩 발견한다"고 많은 친구들이 말했다. 나 역시 그렇다. 나 또한 몇 개의 가면들에서 나 자신을 조금씩 보았다. 나는 환경에 따라 몇몇의 역할을 수행했다. 그러나 나를 늘 따라다니는 ― 헤리는 조력가라는 ― 가면을 나머지 것보다 더 종종 생각하고 있었다는 것을 깨달았다. 다른 사람들이 나의 도움을 원하고 있다고 잘못 알았기 때문에 나 자신에 대해서 완전히 정직해 본 적이 없는 것이다. 한 마디 말도 없이 "나는 도움을 주는 사람, 그리고 당신은 도움을 받는 사람이다. 그러한 것을 확실히 머리에 집어넣어라. 그리고 당신이 맡은 역할에 머물러라"라고 주장했다.

내게서 기쁨을 억제하는 기쁨–부정 악마들을 검토할 때, 나는 모든 원인이 시시각각 나를 괴롭힌다는 것을 안다. 그러나 나의 주요 문제는 완벽주의이다. 그러므로 그것은 분배와 정복의 문제가 된다. 나는 조력자–구제자–능력자가 되도록 하는 나의 성향과 완벽주의 경향을 격리시켰다. 오래되고 숙달된 습관을 새롭고 활기찬 습관으로 대체하면서 나는 그것이 점진적인 변화의 문제라는 것을 알게 되었고 인내심을 가지려고 노력하고 있다. 사실 이것은 우리 완벽주의자들에게는 어렵다. 그러나 나는 정직해야 하고 모든 작은 승리들이 나의 세계의 하늘을 밝게 해주는 것 같으며, 삶의 기쁨과 풍부함을 위한 나의 능력을 넓히는 것 같다고 말할 수 있을 것이다. 그리고 시간이 경과함에 따라 나는 점점 더 여행을 즐기게 될 것이다.

삶의 좋은 것들을 즐기기에 대한 생각들을 조사 · 분류하기 위하여

1. 당신의 악마에게 이름을 붙여라.

제시된 악마들 중 어떤 것이 당신을 계속 따라다니며 기쁨에 대한 능력을 손상시키는 것 같은가?

㉠ 부모라는 테이프(당신 내부에 계속 작용하는 메시지) : 특히 어떤 메시지들인가?

㉡ 죄 콤플렉스: 당신은 자신이 자기 학대형이라고 생각하는가? 당신의 실수로 스스로를 미워하는가? 후회되는 일을 되풀이해서 생각하는가?

㉢ 완벽주의: 자신의 가치를 성과에 결부시키는가? 자신이 완벽해야 한다고 믿는가? 다른 사람에게 고통을 주는지 혹은 기쁨을 주는지가 중요한가? 실패로 인해 절망하는가?

㉣ 열등감: 다른 사람과 자신을 비교하면서 그들에 대해 열등감을 느끼는가? 어떻게 당신의 가치를 측정하는가? 당신은 당신이 되고자 하는 바로 그 사람인가? 당신이 하고자 하는 일을 하기 위해 자신이 모든 것을 갖추었다고 믿는가?

㉤ 절대적인 사고: 느린 성장과 진전을 정말 믿는가? 검정과 흰색 사이의 회색지대가 있는가? 백 번 진실하고 한 번 거짓말을 한다면 스스로를 무엇이라 부를 것인가? 진실을 말하는 사람 혹은 거짓말쟁이?

㉥ 비합리적인 가정: 당신 내부에 진행중인 기쁨-부정 가정이 있는가? 당신은 정말 우리가 행복하도록 창조되었다는 사실을 믿고 있는가?

2. "당신이 좋아하는 것들"에 대한 목록을 작성하라.

물론 이것은 한번에 끝을 낼 수 있는 단편적인 목록이 아니다. 목록을 계속 확장하라. 때때로 그것이, 작성한 후에 이 목록을 재검토하고 "나는 때때로 이러한 '좋아하는 것들'을 즐기지 못하는가"라는 것을 묻는 데 도움이 된다. 매일 마지막에 그날 당신이 정말 즐겼던 것들을 목록화하라. 어떤 모형이 나타나서 우리가 당신 스스로에 대한 어떤 것을 당신에게 말해 주는가?(나는 나의 기쁨 목록에서 아주 종종 "다른 사람을 도와 주는 것"이 나타나는 것을 발견했다. 당신은 내가 훌륭한 나이 많은 조력자 해리라는 것을 상기할 것이다).

❈ 기억하라 ❈

언젠가 당신이 누려야 할 기쁨을 맛보지 못했던
이유를 설명하라고 요청받는 날이 올 것이다.
순례를 계속하라. 여행을 즐겨라!

기도를 일상생활의 일부로
만들어야 한다

나는 예수회 수사로 오랜 기간 동안 검소하고 엄격한 수도기간을 가졌다. 우리는 라틴어로 얘기하며, "매우 사랑하는"으로 번역되는 라틴어 용어 carissime를 말하며 서로 인사했다. 원세상에! 수련수사들의 선생은 우리가 속세로부터 불림을 받았다고 했다. 물론 우리도 그를 믿었다. 언젠가 수련수사들 중의 한 사람이 요금이 인상된 것에 놀랐다고 버스 운전사에게 말했다. 그러고 나서 그 수련수사는 "내가 속세에 있을 때 단지 15센트였는데"라고 덧붙였다. 그 말에 버스 운전사는 눈썹과 호기심을 치켜올리고 이중 수익을 취하고 조롱하듯이 그 수련수사에게 물었다. "실례하오, 친구. 그런데 당신은 어디 있다고 생각하시오?"

수련수사의 경험 중 나를 가장 어리둥절하게 한 부분은 기도였다. 그것은 혼란상태였다. 수련수사들의 선생이 아침 묵상시간에 잠 때문에 고생했는지 물었을 때, 나는 즉시 그에게 "오, 아닙니다. 나는 매일 아침 적절히 행합니다"라고 확신했다. 내가 그렇게 기도에 열중함에도 불구하고 나를 가장 애타게 한 것은 아침 기도시간중에 "흔들리는 사람들과 떠는 사람들" ─ 나는 비밀리에 그들을 이렇게 불렀다 ─ 을 보는 것이었다. 나는 그들에게 "나는 아니지만 당신들은 하느님께로 가는 문을 통과했다. 그렇지 않는가?"라고 묻고 싶었다. 그러나 이러한 종류의 질문과 역할은 허용되지 않았다. 그래서 나는 단지 왜 나만이 제외되었는지를 의아해했다.

나는 책상 위에 있는 조명의 칸막이를 통과하려고 했던 그 불쌍한 나방과 나 자신을 동일시했다. 불쌍한 녀석은 계속 그 칸막이에 머리를 부딪치고 또다시 시도했다. 하지만 그는 결코 해낼 수 없었다.

그러던 어느 날 "바로 그날"이 왔다. 그때 나는 하느님과 닿아 있는 듯이 보이는 그들의 행동이 짓궂은 장난처럼 느껴졌고, 하느님과 닿을 수 있다는 어떤 것도 믿지 않았다. 내가 무엇을 인내해야 할지 확신할 수 없음에도 불구하고 수련수사 선생은 내게 인내하라고 했다. 나는 내가 무엇을 기대할 수 있는지 질문하는 것을 잊어버렸다.

이른 봄날 밤에 마침내 하느님은 나를 건드렸다. 나는 그의 실체로 가득 채워짐을 느꼈으며 "만약에 이것이 행복이라면 나는 전에는 결코 행복해 본 적이 없다. 이것이 새로운 포도주 맛이다"라고 생각했던 것을 기억한다. 나는 안도의 눈물을 흘리며 서 있었던 것을 기억한다. 거기에 정말 하느님이 있었다. 그리고 그는 내내 나 안에 있었다.

비판적 질문

믿는 이와 그렇지 않은 사람을 구분할 수 있는 중요한 질문 중의 하나는 아마도 다음일 것이다. 하느님이 우리와 정말 상호 작용하는가? 본인 스스로를 신앙인이라고 여겼던 토마스 제퍼슨도 하느님이 기꺼이 우리와 상호 작용하는 것을 부정했다. 그는 하느님이 인간의 역사를 시작하고 인간과 대화하는 것을 묘사한 모든 절들을 그의 개인 성서에서 오려냈다고 전해진다. 심지어 하느님이 기꺼이 우리에

게 몰두하시는 것을 부정하는 몇몇 신학자들도 있다. 그리고 이론상
으로는 이런 하느님을 인정하기를 원치 않지만 많은 이들이 사실은
하느님에 대해서 이런 식으로 생각할지도 모른다. 정말 하느님이 멀
리 떨어져서 조용히 계시기를 기대하는 이들이 있다. 가끔 우리는
하느님과 우리를 분리하는 높은 벽 위로 기도와 선물을 던진다. 하
느님이 그 기도를 듣는 것은 원하지만 대답은 기대하지 않는다.

모든 관계는 대화에 의해 성장하기 때문에 그 질문은 비판적이다.
심지어 순수한 인간의 수준에서도 활발한 대화가 없으면 어떤 관계
도 있을 수 없다. 나는 우리와 하느님과의 관계에서도 똑같다고 생
각한다. 단지 하느님과의 관계에서 대화는 "기도"라는 특별한 이름
을 가진다.

대화의 장벽:
우리가 쓰고 있는 가면들

그러나 대화는 좀처럼 쉽지 않다. 불행히도 우리들 대부분은 가면을
쓰고 있고, 선택된 역할의 옷을 입고, 잘 연습하여 익혀둔 시 구절을
암송하기 시작한다. 가면, 옷, 시 구절들이 실제로 우리의 것이 아니
라는 것이 문제점이다. 그것들은 일반적으로 단지 실체에 대한 우리
들의 개작물일 뿐이다. 그것들은 또한 진정한 역할과 정직한 대화에
장벽이 된다. 최소한 이론상으로는 당신도 나도 이것을 안다. 이런
개작물이 있는 한 내가 어떤 행동을 해도 당신과 나는 상호 작용할
수 없다. 당신과 상호 작용할 진정한 나를 보내지 않았기 때문이다.
그래서 우리가 무대의 한쪽에서 만나 기억하고 있는 시구를 서로에
게 들려 줄 뿐이다. 나는 우리가 실재를 드러내는 만큼만 하느님과
상호 작용할 수 있다고 믿는다. 나의 자매와 형제들에게 이것은 쉽
지 않은 일이다. 완전히 개방되고 정직한 실재를 형성하는 데는 보
통 긴 시간이 걸린다.

여러 형태의 기도가 있다. 마치 여러 방식의 대화가 있는 것처럼. 그러나 근본적으로 기도 안에는 항상 대화가 있다. 이것 역시 비록 단어들을 교환하는 방법이지만 단어만으로 된 대화가 아닐 수도 있다. 우리들은 종종 미소 혹은 포옹으로, 단어로 말할 수 있는 이상으로 더 많은 것을 표현한다. 그러나 몸짓과 표정은 설명이 함께하지 않는다면 종종 잘못 해석될 수도 있다. 어떤 형태의 기도이든지 인간은 언제나 대화의 근본인 자기 자신을 정직하게 나누고 싶어한다.

기도하고자 하는 진정한 욕망

말 없는 기도에 열중할 수 있을 때가 있다. 그러나 기도에 반드시 필수적인 것이 있다. 그것은 **기도하고자 하는 진정한 욕망**이다. 처음에 우리들 중 아무도 그 욕망을 인정하려고 하지 않았다. 왜냐하면 우리 모두가 하느님께로 점점 다가가기를 두려워하기 때문이다. 하느님께 가까워지고 있다는 생각을 할 때 수천의 질문과 의심이 우리 앞에 쇄도한다. 하느님은 나에게 무슨 말을 하실까? 하느님은 나에 대해 무엇을 질문하실까? 하느님은 나를 어디로 이끌어갈 것인가? 무지는 항상 약간의 두려움을 수반한다. 그리고 이러한 경우엔 전 생애가 관련되어 있으므로 두려움은 커진다. 하느님은 나의 전 구조를 파괴하고 모든 나의 가치관을 재정리할지도 모른다.

더욱이 내가 다른 사람들과 대화할 때는 동등자로서 시작한다. 나의 사고는 당신의 것처럼 훌륭하다. 나의 선택은 나의 것이고 당신은 방해할 권리가 없다. 나는 당신의 기대대로 살기 위해 이 세상에 나온 것이 아니고, 당신도 나의 기대대로 살기 위해 이 세상에 나온 것이 아니다. 하지만 하느님과의 대화에서는 그 양상이 아주 다르다. 하느님께서 "마음을 가라앉혀라. 그리고 내가 하느님이라는 것을 알아라"고 말씀하셨다. 전에 알버트 아인슈타인은 "내가 이 하느님에게 접근할 때 나는 나의 신발을 벗고 가볍게 걸어야 했다. 왜냐하면 나는 신성한 땅에 서 있기 때문이다"라고 말했다.

기도의 최고 가치: 항복

성공적인 기도를 위한 또 하나의 필수적인 조건은 **항복**이다. 이 단어는 보통 우리를 겁나게 한다. 그러나 항복의 자세가 기도를 위해서는 협상할 수 없는 조건이다. 나는 전에 만난 적이 없는 한 여성이 쓴 글을 읽은 기억이 난다. 사설에서 그녀는 자신의 천한 혈통을 진술했다 — 온수 공급 설비가 없는 아파트, "피정"을 위해 돈을 절약하는 것. 그러다 그녀는 현재의 남편을 만났다. 그는 그녀가 꿈꾸던 영웅의 화신이었다. 그가 그녀에게 청혼했을 때 그녀는 자신의 귀를 믿을 수 없었다. 그는 꽤 부자였으므로 그들은 교외로 이사를 갔다. 그곳에는 따뜻한 물과 큰 창문과 녹색의 잔디가 있었으며, 여름에는 꽃들이 피었다. 그리고 곧 예쁜 아이들이 생겼다. 그녀가 전에 원했던 모든 것이 이루어졌다.

그런 어느 날 그녀는 몸이 아픈 것을 느끼기 시작했다. 병원을 찾아갔을 때 의사는 그녀를 진찰하기 위해 입원을 하게 했다. 정밀검사 후에 의사는 슬픈 듯이 그녀를 바라보고 "간이 더 이상 제 기능을 하지 못합니다"라고 말했다. 아무런 준비가 없던 그녀는 그에게 비명을 질렀다. "지금 내가 죽어가고 있다고 말하고 있나요?" 그가 눈을 아래로 향하고 진지하게 "우리가 할 수 있는 모든 것을 했습니다"라고 말했다. 그러고 나서 그는 돌아서서 조용히 그녀의 입원실을 떠났다.

그녀는 내부에 활활 타오르는 분노의 불길을 느꼈다. 격분하여 하느님을 책망하고 싶었다. 그래서 병원 가운을 걸치고 복도를 지나 성당으로 갔다. 그것은 정면대결이었다. 그녀는 자신이 너무 약하다고 느꼈으며, 벽에 기대어 간신히 성당에 닿았다. 성당은 캄캄했다. 그녀 외에는 아무도 없었다. 그녀는 좌석 사이의 중앙 통로를 지나 제단으로 나아갔다. 끝없는 여행처럼 여겨졌던 입원실에서 성당까지의 통로를 지나오면서 그녀는 하느님께 하고 싶은 말을 준비하고 있었다. "오! 하느님, 당신은 협잡꾼이고 사기꾼입니다. 당신은 2천 년 동안을 사랑으로 난처한 입장을 그럭저럭 모면했습니다. 그러나 어떤 사람이 작은 행복을 발견할 때마다 당신은 그의 발 아래에 있는 깔개를 빼버렸습니다. 원! 나는 당신이 내게 어떤 일을 했는지 알고 있습니다. 당신을 끝까지 지켜보겠습니다."

제단 가까이에 그녀가 쓰러졌다. 그녀는 너무 탈진해서 제단으로 향한 발판에 있는 카핏에 누빈 글자도 거의 읽을 수 없있다. 그녀는 그 글자를 읽고 또 되풀이 읽었다. "주여! 죄인인 저에게 은총을." 갑자기 모든 분노, 하느님을 책망하고 싶은 욕망이 사라졌다. 다만 "주여! 죄인인 저에게 은총을"이란 말만이 머리를 가득 채웠다. 그때 그녀는 팔짱을 낀 팔 아래에 그녀의 지친 머리를 놓았다. 그리고 귀를 기울여 내부 깊숙한 곳에서 울리는 소리를 들었다. "이 모두가 당신의 생명을 나에게 양도해 달라고 요청하는 단순한 초대일 뿐이오. 당신은 이전에 한번도 그렇게 한 적이 없소. 의사들은 당신을 치료하는 데 최선을 다하고 있지만 나만이 당신을 치료할 수 있습니다."

그 밤의 침묵과 어둠 속에서 그녀는 그녀의 생명을 하느님께 양도했다. 자신의 능력이 텅 비어 있음을 느끼고 하느님께서 그것을 채워줄 수 있도록 양도한 것이다. 그때가 하느님의 시간이었으며 그녀가 항복하는 순간이었다.

병실로 되돌아가 그녀는 쓰러져서 깊은 잠에 빠져들었다. 다음날 혈액 검사와 오줌 검사를 한 후 의사는 그녀에게 희망적인 소식을 주었다: "간이 다시 제 기능을 하는 것 같습니다." 구약성서에 나오는 욥처럼 하느님은 그녀를 고비로 이끌어갔으나 사실 그것은 그녀의 항복을 위한 초대였을 뿐이었다. 그것이 기도라는 대화를 위한 가장 중요한 필수조건이다. "너의 것이 모두 이루어질 것이다"라는 것은 놀라운 용인이다. 그것은 우리로 하여금 벌거벗고 무방비 상태로 서 있게 한다. 더 이상의 가면도 더 이상의 방어 장벽도 없다: "마음을 가라앉혀라. 그리고 내가 하느님이라는 것을 알아라."

기도의 가능성과 하느님에 대한 우리의 생각

우리 모두는 하느님에 대해 상이한 생각을 가지고 있다. 아마 지적으로는 우리들 중 몇몇은 똑같은 단어를 사용하여 하느님을 정의할지도 모른다. 그러나 우리는 지력 이상이다. 물론 어떤 사람도 하느님에 대한 그의 혹은 그녀의 생각이 어디에서부터 왔는지 확실히 말할 수 없다. 어쨌든 그것은 우리 내부에 있으면서 제한된 정서적인 반작용의 원인이 된다. 우리는 어디에서 하느님에 대한 생각을 얻었는가? 부모의 테이프와 어릴 때 종교적인 교육과 경험, 상상 그리고 심지어 권위주의에 대한 우리의 프로그램에 의한 반응들은 하느님에 대한 우리의 생각을 꾸며내는 데 도움을 주었다. 구약성서는 우리가 하느님의 형상과 모습으로 만들어졌다고 말하고 있으나 우리가 인간의 형상과 모습으로 하느님에 대한 생각을 형성할 가능성도 있다. 우리는 하느님을 "우리들 중의 하나"로 여긴다. 우리는 하느님에게 성급함을 투사하며 하느님이 우리를 외면한다고 상상한다. 결코 사실이 아닌 많은 상상을 한다. 사실은 다음과 같다: 성서에 따르면 하느님은 사랑이다. 하느님의 천성은 사랑하는 것이다. 물론 신적인 사랑은 우리가 상상할 수 있는 것보다 훨씬 더 크나 우리가 알 수 있는 것은 이것이다. 하느님께서 하시는 일이 어떤 것이든지 그것은 사랑으로부터 우러나와 행해진다.

하느님에 대한 경험과
알코올 중독자 자구 치료 협회

사랑의 하느님을 믿는 자들의 큰 모임인 Al-Anon(Alcoholics Anonymous)회가 있다. 그 운동의 창시자 중의 하나이며 유명한 12단계 프로그램의 공저자인 "빌"이라는 애칭으로 불리는 윌리엄 윌슨(William G. Wilson)이 최근 25년 동안 심리학자 칼 융과 서신 왕래한 것을 출판했다. 1961년 1월 그 서신 왕래가 시작될 때에 빌 윌슨은 Al-Anon의 창립에 있어서 융의 역할에 대해서 그에게 감사의 편지를 썼다. 그 편지에 의하면 융이 이전에 로날드 H.라는 사람을 진찰했었던 것 같다(Al-Anon 회원들이 익명을 사용함으로써 서로를 보호하므로 나 역시 그렇게 하겠다).

여러번의 진찰 후에 융은 로날드 H.가 가망없는 알코올 중독자라는 결론을 내렸다. 이런 융의 결론이 Al-Anon의 첫 초석이 되었다고 윌슨은 주장했다. 유명한 12단계의 첫번째는 개인적인 무능과 인생사를 다루기 힘든 것이라고 인정하는 것이다. 이후 로날드가 어떤 다른 희망이 있는지를 융에게 물었을 때 그는 로날드가 영적이거나 혹은 종교적 경험, 간단히 말해서 진심에서 우러나와 귀의의 대상이 된다면 가능할지도 모른다고 그에게 말했다. 윌슨은 그밖에 다른 것은 아무것도 할 수 없을 때 필요한 동기를 제공할 수 있는 방법을 지적해 준 것에 대해 융에게 대단히 감사했다. 두번째 그리고 세번째 단계를 이끌어내는 이러한 제안은 다음과 같다: 사랑과 희망이신 하느님에 대한 믿음을 회복하고 자신의 삶을 이러한 하느님에게 양도하는 것.

윌슨 자신도 로날드가 그랬던 것과 같은 시기에 절망적으로 알코올에 빠져 있었던 것 같다. 윌슨의 담당 의사인 실크워스 박사는 그를 죽은 것으로 치고 단념했다. 융과의 서신 왕래에서 윌슨은 하느님에게 울부짖으며 도움을 청했다고 시인했다. 같은 편지에 그는 "거대한 충격과 환한 불빛"이 즉시 다가왔다고 인정했다. 빌 윌슨은 그 순간을 결코 타당성있게 설명할 수 없음을 느꼈으며 다만 알코올 중독으로부터의 해방이 멀지 않았다는 것만을 알았다. "즉시 나는 내가 자유로운 사람이 되었다는 것을 알았다."

윌슨은 또한 윌리엄 제임스의 『다양한 종교적 체험』이라는 책에서 커다란 통찰을 얻었다고 융에게 인정했다. 그는 이 책 속의 많은 종교적 경험들은 그것의 다양성이 어떻든지간에 깊숙한 내부에는 공통의 특징, 즉 경험자가 "자아 붕괴"를 겪는다는 사실을 알려주었다고 편지를 썼다. 이 자아 붕괴는 자신과 자신의 힘을 포기하는 것이다.

자신의 영적인 경험의 결과로서 빌 윌슨은 알코올 중독자 공동체의 상상도를 내놓았다. 그는 몇몇 고통받는 사람이 알코올 중독이 과학적으로는 희망이 없다는 소식을 새로운 기대로 변화시키고, 이것을 여러 사람들과 나눈다면 모두가 영적으로 폭넓게 변할 수 있으리라 추론했다. 이 생각은 Al-Anon이 몇 년 동안 성취했던 성공의 기초가 된 것으로 판명되었다.

그러므로 Al-Anon이 매우 솔직한 영적 프로그램이라는 것은 놀라운 것이 아니며, 유명한 12단계 중에서 단지 첫 단계만이 알코올을 언급한다. 그 나머지 모두는 직접적으로든지 간접적으로든지 하느님에 대해서 언급한다. 그러나 우리에게 특별한 관심거리는 첫 세 단계에 있다. 그 **첫 단계**는 나의 삶에 대한 힘겨움을 직면하는 것이다. 비록 내가 개인적으로 알코올 중독자 혹은 Al-Anon의 회원이 아닐지라도 나는 이 운동의 지혜로부터 너무나 많은 것을 배웠다. 나는 이 첫 단계를 통해 자신의 삶 중에 부조리투성이인 부분이 굉장히 많음을 인식하고 인정했다. 완벽주의, 과민증, 어떤 일이 나의 방식대로 진행되지 않을 때 나타나는 미숙, 토라지고 다른 이들을 혼내 주고 싶은 욕망, 이 모두가 나의 삶 중에 다루기 힘든 분야라는 사실과 직면했다. 삶은 사실 다루기 힘들다. 나는 변화하려고 하나 도움 없이는 성공할 수 없음을 안다. **둘째 단계**는 나를 사랑하고 나를 돕기를 원하는 하느님을 믿게 되는 것이다. 만약에 내가 하느님에게 떠맡기려고 하면 이 온화하고 걱정 많은 하느님은 나를 도울 것이라고 믿어야 한다(이 단계는 조력자 해리들에게는 정말 어렵다). 하느님의 도움에 대한 그러한 개방은 **셋째 단계**를 내포한다. 그것은 나의 삶을 하느님에게로 양도하는 것이다. 많은 Al-Anon 회원들이 다음과 같이 말한다: "가자, 그리고 하느님에게 맡기자."

어떤 사람도 기도가 필요한 Al-Anon 회원의 3단계를 논박해서는 안 된다. 이들은 속임과 허영의 모든 기면을 벗어버려야 하는 사람들이다. 이들은 부서진 것을 수리하고 뒤틀리고 비틀어진 것을 곧게 하며, 어두운 곳을 밝히고 우리 내부에서 죽어가는 것을 살리는 온화하고 사랑하는 하느님, 즉 "더 큰 권력가"를 믿게 될 사람들이다. 그리고 삶을 하느님에게 양도해야 하는 사람들이다. 그러한 하느님에 대한 생각과 항복이 기도에 있어서는 매우 중요한 서곡이다.

나의 연약함으로 평화를 이루기

우리는 자신의 연약함에 기반을 둔 하느님에 대해 본능적인 두려움을 가지고 있다. 심지어 우리 내부를 꿰뚫어보는 것처럼 보이는 다른 인간에게조차 두려움을 느낀다. 우리는 사실 실수를 하는 사람들이고 때때로 이런 실수가 자기나 다른 이들에게 타격이 클 때도 있다. 우리는 이러한 인간의 조건을 편하게 합리화하거나 혹은 사실이 아닌 척한다. 우리의 가장 뒤로 계속 자신을 숨겨야 한다. 나는 단순히 우리가 인간의 연약함에 굴복하고 몸을 맡기자는 것이 아니다. 미사 성찬식에서 빵을 뗄 때처럼 편해지는 것을 배워야 한다고 제안하고 있는 것이다. 우리 모두는 죄를 지었고 모두 또다시 죄를 지을 것이다. 아플 때면 고도로 개인화된 집까지 찾아오는 의사처럼 우리에게 오시는 예수를 알아보는 것은 중요하다. 좋은 양치기인 예수를 알아보는 것 또한 중요하다. 나는 그가 잃어버린 양인 우리를 찾고 있으며, 그가 우리를 찾았을 때 기뻐하는 모습을 계속 상기한다.

몇 번이고 나는 돌아온 탕아(루가 15,11-32)라는 우화를 반복해서 읽는다. 나는 허영과 미숙으로 나의 선물을 낭비한 탕아이다. 나는 깊은 양심의 가책을 느낀다. 나는 도대체 감사할 줄을 몰랐다. 조심스럽게 그리고 두려움에 떨며 내가 할 말을 준비한다. "오! 나를 아들로서 거두어 달라고 요청할 수 없습니다. 고용인으로 나를 거두어 주시오. 제발 나를 거두어 주시오." 고독과 곤란에서 얻은 깊은 통회와 더불어 나는 집을 향해서 출발한다. 나의 발걸음은 불안하다. 그러나 아버지는 내가 오는 것을 보고 길 아래로 달려온다. 그는 나를 포용하고 안도감을 느끼며 흐느껴 운다. "집에 왔구나. 내가 원하던 것이 이게 전부라는 것을 너도 알지? 네가 집에 왔다." 우화에서 예수는 내가 나의 사랑하는 아버지 하느님에 의해 이런 식으로 환영받는다는 것을 나에게 확신시킨다. 나는 그 우화를 몇 번이고 반복해서 읽어야만 했고 여러번 집으로의 긴 여행을 해야만 했다. 서서히 나는 하느님의 온화한 사랑과 인자하신 자비를 알게 되었다.

영혼의 세계

최근에 한 친구가 대양에서 헤엄을 치는 두 물고기에 대한 이야기를 해주었다. 작은 물고기가 큰 물고기에게로 헤엄쳐 가서 물었다. "실례합니다. 대양이 어딥니까?" 큰 물고기가 대답했다. "당신이 지금 있는 곳이오." 작은 물고기가 이해하지 못하고 다시 질문을 하려고 한다: "내 말 뜻은 대양에 갈 수 있는 방법을 나에게 말해 줄 수 있냐는 거요?" 다시 큰 물고기가 대답한다. "당신은 이미 대양에 와 있소." 그러자 작은 물고기는 그 질문에 대한 답을 해줄 다른 물고기를 찾아 헤엄쳐 갔다.

나의 친구는 그 작은 물고기의 질문을 "영험이 무엇이오? 영혼의 세계는 어디에 있소?"라고 묻는 이들의 질문에 비유한다. 그는 큰 물고기인 체하며 "당신이 있는 곳이오"라고 말한다. 빈의 정신과 의사인 빅터 프랭클은 현대 심리학은 최근 50년 동안 정신과 육체에 초점을 두는 데 보냈다고 말한다. 그는 심리학이 인간의 영혼과 영혼의 세계를 시종일관 부정한다고 불평한다.

그러나 우리는 정말 선택의 여지가 없다. 우리는 정신과 육체 그리고 영혼으로 이루어져 있으며 "그 안에" 있다. 몸이 아프다는 것을 알게 되면 의사에게 가고 정신이 아픈 걸 알면 정신과 의사에게 정신을 맡긴다. 그러나 영혼도 병들 수 있다. 육체가 그런 것처럼 영혼도 굶주린다. 영혼도 계속적인 영양과 규칙적인 운동을 필요로 한다. 영혼이 병들었을 때의 증상은 어떠한가? 불만을 품고 많은 사람들을 원망하며, 삶 혹은 인간의 활동에 대해서 별다른 의미를 발견하지 않는다. 삶을 즐기기가 힘들고 힘이 요구될 때 약해지며, 불평·불만자와 비난자가 된다. 성서에서 "성령의 선물"이라고 불리는 사랑 혹은 자비, 행복, 평화, 인내, 우정, 친절, 충성심, 관대함, 자기 억제 등이 눈에 띄게 결여된다.

어떤 이의 말처럼 하느님은 우리를 스위스 치즈처럼 만들었다. 우리 내부에 하느님만이 채울 수 있는 구멍들이 많이 있다. 만약에 하느님께 빈 공간을 채워달라고 요구하지 않고 바보스럽게 스스로 채우려 한다면, 우리는 자만하고 거짓말하며, 남의 일을 수군거리고 노획물을 수집하며, 유명한 사람들의 이름을 함부로 자기 친구인 양 말하고 자랑하며, 주목의 대상이 되려고 경쟁하고 다른 이들 위에 군림하기 위해 권력을 얻으려고 하며, 감각적인 기쁨의 원천을 그대로 받아들이고 자극적인 것을 추구하게 될 것이다. 그러나 결국 우리에게는 단지 하느님만이 채울 수 있는 아픈 공허만이 남겨진다.

대학시절은 보통 모험과 수정의 시기이다. 한 대학 선배가 그가 했던 시도를 나에게 말해 준 적이 있다. 대학시절 끝무렵에 그는 자신이 신자인지 단지 세뇌된 것인지 확신할 수 없었다고 한다. 그래서 마치 하느님이 존재하지 않은 것처럼 일주일을 보내기로 결정하고, 그 주일 동안은 기도도 하지 않고 성당에도 가지 않고 신앙이 요구하는 모든 것을 그만두었다. 그러고 나서 그 다음 주에 많은 기도와 믿음으로 가득 찬 생활을 포함하여 심도있는 신앙생활을 했다. 이야기를 끝냈을 때 그는 미소를 지으며 덧붙였다. "어떤 차이가 날까? 만약에 믿음과 기도의 중요성을 부정하려면 나는 나의 경험을 부정해야 한다. 나는 절대로 그렇게 할 수 없다."

하느님의 시간

일반적으로 시간이라는 용어는 애매한 의미를 가진다. 보통은 순수하게 시간에 대한 표시이지만 성서에서의 "하느님의 시간"은 특별한 종교적 의미를 가진다. 하느님의 시간은 그분의 특별한 개재를 통한 인생 혹은 인간의 역사에 있어서 전환점을 표시한다. 주는 우리에게 "하느님의 시간", 하느님이 특별한 간섭으로 우리에게 오는 시간을 알 수 없기 때문에 방심하지 말고 준비하라고 요청한다. 나는 이제 내가 이러한 하느님의 시간을 청하거나 생기게 할 수 없음을 알 만큼 충분히 나이가 들고 현명하다. 하느님은 그의 시간에 그의 방식대로 나에게 그리고 당신에게 올 것이다. 때때로 우리는 동물 조련사처럼 우리의 테를 가지고 서 있고 싶을 때가 있다. 지금 와서 테를 뛰어넘으라고 하느님께 재촉한다. 그러나 결국 하느님은 훈련받은 동물이 아니라는 것을 알게 된다. 하느님은 그의 시간을 선택하고 그의 수단을 사용한다. 우리가 할 것은 이러한 특별한 순간에 대한 준비를 하는 것뿐이다. 때때로 하느님의 시간은 인내의 끝에 오는 것 같다. 그러나 하느님에 대한 우리의 믿음 중의 일부는 그분이 가능한 한 가장 좋은 시간과 가능한 한 가장 좋은 방법으로 우리에게 올 것이라는 것이다. 나는 당신으로 하여금 당신이 되게 하고 당신은 나로 하여금 내가 되게 해야 한다. 그리고 우리는 하느님은 하느님이 되도록 해야 한다.

신앙 이야기로 불리어지는 경험담에 대한 가치 중의 하나는 삶에 있어서 "하느님의 시간들"을 공유할 수 있다는 것이다. 우리는 때가 묻지 않을 수 없고, 개인의 경험을 기꺼이 말하는 모든 이들을 완전히 믿을 수도 없다. 어쨌든 이런 경험담을 통해 우리는 사람들 각자가 겪은 하느님의 시간을 공유하게 된다. 경험이 영원한 효과를 가지는지 그렇지 않은지를 보는 "time test"가 있다. 그리고 경험이 현실과 화자와의 연결을 강하게 하거나 약하게 하는지 고려해야 할 "reality test"가 있다. 마지막으로 경험이 사랑에 대한 개인적인 결정과 서약을 강하게 하는지 아닌지를 연구하는 "사랑" 혹은 "자매 테스트"가 있다.

몇 년 전에 나는 하느님에 대한 나 자신의 시간에 대해서 글을 썼다. 그 소책자는 『그가 나를 감동시켰다: 나의 기도의 순례』라는 제목이었다. 그것은 목사 친구로부터 온 질문에 대한 대답을 쓴 것이며, 그 책에서 나는 많은 연약성과 개인적인 낙담을 인정했다. 물론 나에 대한 하느님의 자애에 대해서도 또한 이야기했다. 필사본이 마쳐졌을 때 나는 전세계가 내가 엉터리였음을 알게 될 것을 알았다. 그래서 나는 그 책에 아래와 같이 덧붙였다.

나의 이야기가 여러분에게 가치가 있는지 확실하지 않다. 이 책에서 한 몇 가지 고백은, 특히 나 자신의 연약성과 신앙에 관련된 것은 나를 곤란에 빠뜨렸다. 그러한 것을 인쇄화해서 간행하려는 내 생각은 하나의 위협으로 느껴지기도 했다. 그러나 나는 여러분을 위하여 그렇게 하고 싶다. 진정한 사랑의 선물은 자기를 드러내는 것이다. 이 선물을 주기 전까지 우리는 아무것도 줄 수 없다. 그리고 나는 당신이 내가 의도한 것처럼 사랑의 행동으로 이 선물을 받아들일 것을 희망한다.

100쪽에 걸친 이 소책자로 인해 나는 많은 이들과 그들의 신앙 이야기를 나누었다. 거의 2년 동안 일주일에 4~5 통의 편지를 받았다. 다른 수백 명도 똑같이 사랑하는 하느님에 의해 어루만져졌고 나와 함께 그들의 경험을 공유하기를 원했던 것이다. 이 편지들 중 하나는 미국의 남동부에 사는 젊은 여인에게서 왔다. 그녀는 전혀 상세한 설명도 없이 몇 년 동안 악한 삶을 이끌어왔다고 시인했다. 그녀는 자살이 그녀가 처한 도덕적 궁지로부터 탈출하는 유일한 방법으로 여겼으며, 특히 물에 빠져 죽기를 원했다고 했다. 크고 부드러우며 물기 많은 어머니와도 같은 대양의 파도가 감싸안아 영원히 자신을 흔들어주는 공상에 늘 잠기곤 했다고 한다.

그녀가 계획을 실행에 옮기려던 날, 그녀는 대양이 부드럽고 사랑스러운 어머니라기보다는 오히려 으르렁거리는 짐승이라는 것을 알았다. 그날은 흐린 날이었고 파도가 격심했다. 그녀는 혼자 중얼거렸다: "파도의 품에 안겨 흔들리든지 혹은 이 성난 짐승한테 잡아먹히든지 나는 죽어야 한다는 것을 안다. 나는 이 물 속에 몸을 맡겨야 한다." 그녀는 마치 이 세계에 안녕이라고 말하는 것처럼 사람이 없는 해변가를 따라 조용히 걸었다. 그러다 그녀는 "멈추어라, 돌아서서 뒤를 보아라"라는 분명하고도 뚜렷한 목소리를 들었다고 한다. 뒤를 돌아다보았을 때 그녀가 볼 수 있었던 전부는 모래 위에 있는 자신의 발자국뿐이었다. 그리고 파도가 밀려와서 그 발자국을 지워

버리는 것을 보았다. 다시 목소리가 들려왔다: "모래 위의 발자국을 파도가 지워버리는 것처럼 나의 사랑과 자비로 너의 모든 과거를 지워버릴 것이다. 나는 네가 죽지 않고 살아서 사랑하기를 바란다." 본능적으로 그녀는 그것이 하느님의 목소리라는 것을 알았다.

그녀는 인적이 없는 그 해변에서 새로운 힘을 얻었다고 말했다. 그리고 마침내 행복하고 의미있는 삶을 발견했다고 말했다. "그 사건이 있고 몇 년이 지났지만 누구에게도 그 경험에 대해 말해 본 적이 없어요. 너무나 개인적인 경험이었기도 했지만 나의 삶이 이루어진 그 순간을 내가 상상한 순진한 환상이라고 다른 사람이 비웃기를 원치 않기 때문이었죠. 나는 어느 누구도 '사실 당신은 죽지 않기를 원했을 뿐이에요. 그래서 목소리를 날조했지요' 라고 비웃기를 원치 않아요. 그러나 당신에게는 말하고 싶어요. 나는 나의 인생에서 하느님의 시간에 대해서 당신이 알기를 원합니다. 이것은 당신에 대한 나의 사랑의 행동이에요. 온화한 손길로 이 선물을 받아주세요"라고 덧붙였다.

나는 감사의 편지를 썼다. 우리는 그때 이후로 한번도 서신 왕래를 하지 않았다. 그러나 나는 "온화한 손길" 안에 그 보물을 꼭 쥐고 있다. 그녀에 대한 하느님의 선의를 함께 나누고자 하는 선한 이의 기꺼움이 개방의 정신을 다시 불붙게 한다고 나는 확신한다. 그녀는 하느님과 친하고자 하는 나의 욕망을 더 강하게 했다. 나는 항상 그녀에게 감사할 것이다.

제시된 기도의 형태

우리는 이미 기도에는 여러 형태가 있다고 말했다. 최근에 나는 생각지도 못했던 기도의 한 형태를 보았다. 그것은 "세속적인" 것을 봄으로써 시작되고, 그 풍경 안에서 기도하고 싶은 생각과 욕망을 일으키는 것이다. 이런 기도는 신앙과 삶을 합치게 하는 것 같아서 이런 접근을 좋아한다. 나는 꽃에서 사랑의 특별한 상징을 기억한다. 혹은 집을 볼 때 우리 모두가 어느 날 하느님의 집에 함께 모일 것이라고 생각한다. 정신과 마음이 거기에서부터 시작해서 좀더 정도가 깊은 기도와 영성과 생각으로 전진한다.

내가 제시하고자 하는 것도 이와 유사하다. 바로 당신이라는 존재로 당신 안에 오신 하느님께 말하기 시작하라. 우리는 우리의 생각한 바를 자신에게는 말로 표현할 수 있다. 마찬가지로 바로 나 자신인 하느님께 말로 표현하라. 처음에는 어려울 것이다. 그러나 자아 안으로 점점 더 깊숙히 들어가는 것은 훌륭한 기도가 되는 것 외에 자기 인식에도 큰 도움이 되는 훈련이다. 그리고 모든 것이 하느님의 선물이기 때문에 기도를 잘하게 해달라고 시작하는 것도 도움이 된다. "사랑하는 하느님, 내가 자신을 알고 당신을 알도록 도와 주시고, 우리의 관계를 이해하도록 도와 주소서. 나를 깨우치시고 능력을 주소서. 고맙습니다."

그리고 나서 다음과 같은 반성적인 질문을 계속하라: 나는 누구인가? 오늘 나의 기분은 어떠한가? 지난 24시간 동안 내부에서 울렸던 생각과 감정은 무엇이었나? 무엇이 가장 중요한가? 가장 의미있는 사람은 누구인가? 나는 무엇을 즐기며 또한 나를 가장 고통스럽게 하는 것은 무엇인가? 나를 행동으로 옮기게 하는 동기는 무엇인가? 최근의 삶에서 중요한 역할을 한 사람은 누구인가? 정말 성취하고 승리하고 싶은 것, 그리고 피하고 싶은 것은 무엇이었나? 나는 평생 무엇을 하고 있나? 이것이 정말 내가 원하는 것인가?

이와 같은 질문에 말로써 대답하는 것은 이 실제의 자신에 대해 더 많은 것을 잘 알 수 있게 한다. 자신에 대해 더 많은 것을 벗겨내고 새로운 면을 연구함에 따라 매일 대답이 조금씩 달라지며 기분도 변한다. 어떤 날은 완전히 지쳐버리고 또 다른 날은 태산이라도 옮

길 수 있을 것 같다. 또한 나는 하느님을 향한 "대화의 문"을 열어두고 있다. 우리는 실제로 하느님과 대화할 수 있는 많은 문을 가지고 있다. 하느님이 새로운 생각·통찰·시각을 집어넣어 줄 **정신**을 가지고 있다. 하느님이 그 안에 갈망을 심어 주시고 힘을 주시는 **의지**와 **마음**을 가지고 있다. 하느님이 고통 속에서 위로할 수 있고 위로 속에서 고통을 줄 수 있는 **정서**를 가지고 있다. 하느님은 평화롭게 혹은 도전적으로 우리의 정서에 들어갈 수 있다. 우리는 또한 **상상력**을 가지고 있는데, 그것은 대화중에 하느님께서 우리에게 말을 할 수도 있고 그림을 제시할 수도 있다는 의미이다. 어떤 쇼에서 로버트가 잔 다르크에게 "정말 하느님의 목소리를 들었습니까? 혹시 상상의 목소리 아닙니까?"라고 물었다. 산은 "둘 다입니다. 상상력을 통하는 것, 그것이 하느님께서 우리에게 말하는 방식입니다"라고 대답했다. 우리는 또한 **추억**을 가지고 있는데 회상의 기도를 통해 추억을 떠올릴 수 있다. 하느님은 또한 상처받은 추억을 치료하거나 그것을 도움이 되는 기억으로 바꾸어 준다. 무엇보다도 하느님께서 우리의 반성적인 기도로 들어오게 하는 다섯 가지 항목이 있는데, 그중 가장 중요한 것이 우리의 한계가 하느님의 기회라는 것을 아는 것이다.

기도 끝에 나는 하느님께 내가 필요로 하는 것을 요청했다. "나를 깨우치시고 내 일생 내내 이날처럼 사랑할 수 있는 능력을 주소서. 당신의 사랑으로 나의 메마른 우물을 채워서 내가 그것을 건네줄 수 있도록 해주소서." 그러고 나서 기도해 주기로 약속했던 사람들의 이름을 말한다. 그들에게 은총이 가득하길 하느님께 청하고 내가 상처를 주었던 사람들을 위하여 기도한다. 알게 모르게 너무나 많은 혼란을 느끼는 나를 사랑해 주시는 하느님께 감사한다. 나는 그가 나를 통해 이루려는 일을 오늘도 계속 행하기를 원한다. 왜냐하면 나는 정말 그분의 계획의 일부분이 되고 싶기 때문이다.

일상생활에서 기도에 대한 생각들을
조사·분류하기 위하여

1. 은총에 대한 감사장을 써라.

상황과 경험을 간단하게 기술하라. 할 수 있다면 다른 사람과 은총을 나누어라. 그것이 당신 개인의 "은총에 대한 감사장"이다.

2. 다섯번째 복음서를 쓰라.

복음이라는 단어는 "좋은 소식"을 의미한다. 그리스도인들은 다가올 모든 세대와 좋은 소식을 나누려고 복음서를 썼다. 당신의 삶에 대한 복음서를 쓰라. 그것에 "나에 대한 주님의 선함"이라는 제목을 붙여라. 이 아름다운 이야기는 다른 사람들과 공유하지 않더라도 이 당신에 대한 하느님의 선물을 깨닫게 하는 데 도움이 될 것이다.

3. 하느님과 당신의 관계를 평가하라.

"과도하게 의존하는 형"과 "의존하지 않는 형"이 있다. 어떤 이는 과도하게 의존하는 형이다. 이들은 하느님께 자신을 깨우치고 원하는 바를 행할 수 있는 능력을 요청하지 않고 어떤 일을 해달라고 요청한다. 나머지는 의존하지 않는 형이다. 이들은 자신의 계획을 세우고 꿈을 꾼다. 이들은 자신에게 최고가 무엇인지를 안다고 확신한다. 그러고 나서 하느님께 이들의 계획을 지원해 주기를 청한다. 하느님이 청하는 것을 주시지 않을 때 이들은 당황한다. 물론 이상적인 것은 하느님이 우리를 깨우치고 능력을 주시어 우리가 이 세상에서 해야 할 일이 무엇인지를 알아 행하도록 청하는 것이다. 나는 과도하게 의존하는 형인가 아니면 의존하지 않는 형인가? 이 문제에 관하여 균형을 유지하고 있는가?

이 책에서 제시한 모든 다른 개인적인 "팔복"뿐만 아니라 기도에 대한 이러한 생각들도 더 큰 행복으로 향하는 당신의 여행에 도움이 될 것이다. 각각의 페이지들은 당신에 대한 나의 사랑의 실천이다. 마음을 열어주고 온화한 손길을 내밀어 준 당신께 감사한다. 내가 여러분을 사랑하는 것을 잊지 말기를 바란다.

존 포웰